El cristiano y el control de impulsos

Dra. Wanda Dávila Castro

ediciones
ELEOS
1998-2023
25 Aniversario

Dra. Wanda Dávila Castro
Autora

Richard Sabogal
Editor

Frank Joseph Ortiz Bello
Editor en Jefe

ISBN: 978-0-9650058-9-0

Ediciones Eleos

Dorado, Puerto Rico

www.edicioneseleos.com

Ediciones Eleos es una división de FJ Multimedia LLC.

Le doy gracias a Dios por pensar en mí desde niña. Por escogerme como una de sus guerreras. Hoy se levanta una guerrera.

Tabla de contenido

Agradecimientos

Primeramente, quiero agradecerle a Dios, por permitirme escribir este libro. Sin Él no lo hubiera podido lograr. También agradezco a mi madre, la señora Carmen L. Castro Brown, quien siempre me preguntaba: «¿Terminaste el doctorado?», y yo solía responder: «…no, mami, falta poco». Ella fue mi mayor motivación, la amo con toda mi vida. A mi amiga Izada Fragoso, quien siempre me motivó y creyó que yo podía lograr cada cosa que me proponía. Ella veía potencial en mí, aun cuando yo solo veía espacio para la mejora. A Izada siempre le encantaban mis ideas, me decía: «Sigue estudiando, el cielo es el límite y cada cosa que te propongas en la vida hazlo con amor y para el beneficio de los demás».

Cuando leas esto, quiero que sepas que yo también voy a ti Fragoso, eres disciplinada y lo lograrás tú también. Siempre fuiste mi «coach», me motivaste cada día, en especial en mis primeros días de clase cuando yo creía que no iba a poder. Siempre me decías: «Dávila, yo voy a ti, siempre piensa en la frase, porque yo me lo merezco yo me lo merezco».

Agradezco a la Dra. Rosa Rodríguez por tomar de su tiempo para orientarme sobre el tema del libro, para que este escrito sirviera tanto a mí como servirá a otras personas. Con su ayuda, a través de esta investigación, pude conocerme como persona y buscar la ayuda necesaria para abarcar el tema trabajado en mi libro.

A mi supervisora Graciela Villanueva, quien vio potencial en mí y me dijo que completara mi maestría. Le agradezco porque me dio la oportunidad de realizar mis estudios en «Educación con Rasgos en Liderazgo» y continué con el «Doctorado en Consejería Cristiana». Con este último lograré ayudar y educar a nuestros niños desde pequeños. Lo que bien se aprende nunca se olvida. Ellos son el futuro de nuestra isla.

Gracias a las personas que fueron instrumentos de apoyo y motivación en el momento justo. Por darme los mejores consejos, cuando me veían decaer. Con esos consejos sabios, acertados y tranquilizadores, que sólo las buenas personas son capaces de dar, me ayudaron siempre a seguir adelante.

A mis hijos, Miguel Ángel, Luis Raúl, Marlene Dávila y nietos, que son mi pilar y mi razón de vivir. Ustedes me motivaron a proseguir mis estudios y demostrarles que no importa la edad, nuestros sueños se cumplirán si nos lo proponemos. Cuando reconocí mi diagnóstico, busqué ayuda y hoy puedo decir «Ebenezer». Ahora puedo ayudar a otros, la gloria es tuya Dios. Muchas gracias a todos. Hoy puedo decir «lo logré».

Dra. Wanda Dávila Castro

Prólogo

Este trabajo fue motivado por experiencias propias. Desde niña tenía un padecimiento. Se descubrió y diagnosticó cuando era adulta. Después de haber pasado tantas situaciones difíciles que entonces parecían no tener explicación. Comenzaron a tratarme por trastorno de ansiedad. Esto no fue algo fácil para mí. Con el tiempo se descubrió que se trataba de un trastorno de impulsividad. Este suceso, el proceso de aceptación y el propio tratamiento minimizaron el poder disfrutar con la familia y amistades. En el trabajo sufrí muchísimo daño, ya que se me hacía difícil poder aguantar esta impulsividad al responder a otras personas. Perdía el control con facilidad y hasta me iba de las actividades sin decir nada, porque no podía tolerar tantas injusticias. Todo me molestaba. No importaba la situación, me defendía en todo momento y si yo tenía la razón los hacía escuchar hasta el cansancio.

Estas situaciones me costaron el trabajo de muchos años. Cuando al fin, ya de adulta, comienzo a estudiar mi diagnóstico, descubro que todo lo que me estaba pasando era una repercusión de mi impulsividad descontrolada. En ese momento quise cambiar mi forma de ser, pero no podía, se me hacía imposible. Canalizaba mi ansiedad estudiando, limpiando compulsivamente y hasta me aislé para no herir a otros. Comencé a tomar terapias, hospitalizaciones, veía psicólogos, psiquiatras, terapeutas del comportamiento. Me enfrentaba sola a la realidad y tuve que aprender a vivir. Siempre confiando en Dios, buscando reorganizar mi vida a través de Él. Pero una vez comencé a someterme a Dios, los miedos y las condiciones se fueron controlando. Todavía sigo con tratamiento médico, pero me mantengo estable.

Realizar este libro fue de mucha ayuda, ya que fui aprendiendo poco a poco a reconocer cómo esta impulsividad también se manifiesta en muchos cristianos. Son muchos los creyentes que día a día pierden el control. Algunos les contestan a otros con groserías. Situaciones donde el esposo golpea a su esposa o a sus hijos. Ofenden a sus amistades y familiares, sin pensar que la Palabra enseña a que se imite a Dios en todo momento.

> *Y el segundo es semejante: Amarás a tu prójimo como a ti mismo. No hay otro mandamiento mayor que estos. (Marcos 12:31)*

A través de la realización de este libro, reconocí que debemos poner de nuestra parte y pedirle a Dios que nos ayude a controlar nuestros impulsos y nuestras emociones. Fue de mucha ayuda para mi crecimiento personal descubrirlo, espero que para ustedes también lo sea.

> *Así que, todas las cosas que queráis que los hombres hagan con vosotros, así también haced vosotros con ellos; porque esto es la ley y los profetas. (Mateo 7:12)*

Mi vida no fue fácil, pasé por situaciones por el desprecio de los demás, que pensaron que me hacían daño, pero con cada ladrillo que lanzaron construí mi propio castillo. Sé lo que es el rechazo por ser disciplinada. Cada meta que me proponía la ejecutaba llegando a alcanzar varios logros que hoy me sirven para ayudar a otros.

Dios no deja a sus hijos en vergüenza, Él nunca llega tarde, Él llega en el momento preciso. Dios no llama a personas capacitadas, Él capacita a sus escogidos desde el vientre de nuestra madre. Nos pone nombre, nos separa, nos enseña a que Él tiene la solución para cada problema que llega a nuestras vidas. Si te preguntas si algún día serás feliz, yo te digo que sí, cuando aceptamos y reconocemos que sin Dios no somos nada. Aunque pasaremos aflicciones, será más fácil en Dios resolver los problemas con amor.

Dra. Wanda Dávila Castro

Introducción

El ser humano, desde su creación, fue dotado con la capacidad de razonar, de pensar, de verse a sí mismo como una criatura de la creación de Dios; y reconocer que parte de su rol en esta creación es mantener una conducta fundamentada en las normativas que Dios así impuso. Se le dio la capacidad de tomar sus propias decisiones.

Y mandó Jehová Dios al hombre, diciendo: De todo árbol del huerto podrás comer; mas del árbol de la ciencia del bien y del mal no comerás; porque el día que de él comieres, ciertamente morirás. (Génesis 2:16, 17)

Las normativas no estaban hechas para que el poder de estas palabras evitara que el ser humano actuara o se comportara de tal manera, sino que se trataba más de un mandato de Dios, donde el hombre tenía el libre albedrío de seguirlo o no. La fe, la moral, la ética y el comportamiento, son partes de lo que hace a un cristiano un verdadero ejemplo de lo que Dios busca de él y de las propias enseñanzas de Jesucristo.

Hermanos míos, ¿de qué aprovechará si alguno dice que tiene fe, y no tiene obras? ¿Podrá la fe salvarle? Y si un hermano o una hermana están desnudos, y tienen necesidad del mantenimiento de cada día, y alguno de vosotros les dice: Id en paz, calentaos y saciaos, pero no les dais las cosas que son necesarias para el cuerpo, ¿de qué aprovecha? Así también la fe, si no tiene obras, es muerta en sí misma. Pero alguno dirá: Tú tienes fe, y yo tengo obras. Muéstrame tu fe sin tus obras, y yo te mostraré mi fe por mis obras. Tú crees que Dios es uno; bien haces. También los demonios creen, y tiemblan. (Santiago 2:14-19)

El hombre tiene una misión única de seguir estas normativas, hacer de Cristo un verbo en sus acciones y ser capaz de tomar las mejores decisiones en lo que se refiere a su conducta, comportamiento y actos hacia quienes lo rodean, como para sí mismo. Pero existen fuerzas —internas y externas— en el hombre, que se interponen y causan influencia con ciertos comportamientos y conductas: los impulsos.

Los impulsos, —para propósitos de este libro— deben ser vistos como una serie de estímulos, que llevan al hombre a actuar de cual o tal manera. Estos impulsos pueden ser internos, como en el caso de las creencias, pensamientos, experiencias pasadas, aprendizaje previo, entre otros. Como también lo pueden ser externos, como se podrían mencionar los actos de otras personas, la influencia de la sociedad y ese continuo enfrentamiento entre el cristianismo y todo lo demás. Un impulso lleva a la persona a tener una motivación hacia un acto o respuesta a una situación de forma específica.

El cristiano y el control de impulsos

Si se analiza a fondo, el impulso podría ayudar a que el cristiano se acerque más a Dios, actúe más como Cristo, sea una mejor persona y realice todo y cuanto Dios quiere de sí. Pero lo cierto es que los impulsos trabajan de forma dual. De la misma manera que pueden estimular o motivar a acciones positivas, también lo pueden hacer hacia acciones negativas; partiendo de que el hombre no vive dentro de una burbuja donde se limita a sí mismo, sino que tiene contacto con la sociedad y esta lo influencia. Como a su vez reconociendo que no es parte de la misión del cristiano alejarse, mantenerse cautivo o ajeno de todo lo que lo rodea, sino por el contrario, llevar a Cristo en sus actos para cambiar la humanidad y evangelizarla. Es aquí donde se reconoce que el cristiano se debe educar para que sepa manejar estos impulsos que se le podrían presentar en el diario vivir, no solo en cuanto a su desarrollo moral y ético, sino también a las interacciones dentro y fuera de la iglesia, como un ente social.

Se parte de la premisa de que el cristiano vive «bombardeado» por una serie de situaciones, acciones, problemas y mentalidad social que no son cónsonas con el cristianismo. Esto no quiere decir que sean erróneas, o que vayan en contra de Dios. Al ser humano no le toca decidirlo, solo Dios juzga estos comportamientos en el momento que Él así lo determine. Pero claramente, son comportamientos, como el odio hacia el cristiano, la persecución en contra de los creyentes, o la forma en que las sociedades marginan a quienes tienen esta fe, que afectan la motivación del ser humano a realizar estas obras y actos. Si se siguen las enseñanzas de Jesús, hay que actuar de forma recta y moral para con las demás personas, pero estos impulsos llevan muchas veces al cristiano a estar en unas situaciones no placenteras, de máximo estrés, que podrían empujarlo a actuar de forma errónea.

A través de este libro también se estará tocando la figura de Jesús, como el líder cristiano, el ejemplo a seguir en cuanto a cómo trabajar y sobrellevar estos impulsos. Desde una perspectiva bíblica, donde se sustenta cómo Jesús siempre defendió a las personas, sin importar quiénes fueran. Siempre actuó de forma moral, ética y fundamentaba sus acciones hacia el bien. Se pretende analizar varias secciones y anécdotas bíblicas donde se reconozcan ejemplos específicos de cómo es que el cristiano debe actuar, cómo debe manejar estos impulsos y cómo debe redirigir estos estímulos hacia el bien. Se estará creando un análisis de cómo debe ser la conducta cristiana ante estos impulsos, y se estarán definiendo de forma amplia los conceptos que se relacionan con el tema.

De forma simplificada, se hablará sobre cómo estos impulsos llevan al cristiano a actuar así, afectando la misión que Dios le ha otorgado a través del ejemplo propuesto por Jesucristo. Por lo cual, la meta es poder crear una guía, sustentada con literatura variada y textos bíblicos, que no solo analice el tema del cristiano y los impulsos, sino que proponga la forma correcta y adecuada de manejar estos impulso y actuar conforme a las enseñanzas de Jesús.

Dra. Wanda Dávila Castro

Capítulo I
Definiciones

A través de este capítulo se estarán presentando una serie de definiciones que deben tomarse en consideración para poder adentrarse en la lectura de este libro. A continuación, se estarán definiendo los siguientes conceptos: cristiano, control, impulso, comportamiento, comportamiento cristiano, moral y ética.

Cristiano

El término cristiano se puede definir desde dos visiones relacionadas. La primera es histórica, en la cual se destaca cómo la figura de Jesucristo actuó y realizó una serie de obras que marcaron la diferencia en el mundo. Se dice que el cristianismo comenzó como un movimiento dentro del judaísmo durante el siglo I de la era actual. Fue en ese momento que la figura de Jesús se presentó históricamente, llamado Jesús de Nazaret, quien desarrolló y emprendió un ministerio de enseñanza pública en el que predicó sobre la venida del Reino de Dios, su Padre.

Jesús se presentó a sí mismo como una figura de humildad, dada a la sociedad y en búsqueda de la salvación de todos. La historia de Jesús se recopila a través del Nuevo Testamento, donde se presenta la historia desde su niñez hasta que reunió a un grupo de doce discípulos judíos, junto con muchos otros seguidores. Este grupo de personas ministraron a los pobres y marginados de su época y predicaron sus enseñanzas a través de sus acciones. Se estima que alrededor del año 33 de la actual era, Jesús fue arrestado y ejecutado por el gobernador romano. Pero según se afirma en las Escrituras —siendo esto base de la propia fe cristiana— los seguidores de Jesús afirmaron que se levantó de entre los muertos al tercer día, que creían que Él era el Hijo de Dios y que su muerte y resurrección fueron un acto de amor para salvar a las personas del pecado. Según crecía la fe cristiana se le denominó a Jesús «el Cristo», que significa «el Mesías» o «Ungido», de acuerdo con las profecías que se presentan en la Biblia. Desde esta breve perspectiva histórica, ser cristiano es ser de ese grupo de personas que a través del tiempo ha aceptado que Jesús es Hijo de Dios, que dio su vida por la humanidad para el perdón de sus pecados y cree en sus enseñanzas como una vía de salvación.

Desde una visión de fe, ser cristiano va más allá de una perspectiva histórica. Se señala que desde una perspectiva contemporánea, ser cristiano puede fundamentarse en cuatros perspectivas distintas, pero que se interrelacionan: la perspectiva evangélica; la fundamentalista; la liberal; y, la conservadora.

La perspectiva evangélica es una que va a la par con el movimiento protestante. Desde la perspectiva evangélica, el cristianismo se fundamenta en tres creencias fundamentales: el cristianismo requiere conversión o renacimiento a través de un encuentro espiritual personal con Jesucristo; los cristianos deben dar testimonio de su fe o evangelizar tanto a los cristianos como a los no cristianos; y, la Biblia está directamente inspirada por Dios.

Otra perspectiva es la fundamentalista, quienes se enfocan esencialmente en una creencia literal de lo que presentan los textos bíblicos. Si se toma el panorama contemporáneo, estos cristianos fundamentalistas —protestantes fundamentalistas— comparten el énfasis evangélico en Jesucristo, pero evitan participar de la política y la cultura estadounidense. Una de las principales características de estos cristianos, es que insisten en una interpretación literal de la Biblia, mientras que otros cristianos entienden que algunas partes son simbólicas o metafóricas. Se debe destacar que no todos los evangélicos cristianos son fundamentalistas, pero todos los fundamentalistas cristianos son evangélicos, debido a que aceptan como absolutas las tres creencias fundamentales descritas anteriormente.

En el caso de los cristianos liberales, se trata del grupo que acepta información histórica y científica que cuestiona la verdad literal de algunas historias bíblicas.

En el caso de los conservadores, estos suelen negar que el conocimiento sea relevante para la fe. Un ejemplo de esto podría ser el hecho de que los liberales suelen reconocer la teoría de la evolución como una explicación creíble de los orígenes de la vida, mientras que los conservadores adoptan una interpretación literal del relato bíblico de la creación. Aun con estas diferencias, ambos adoptan de igual forma las bases cristianas, las creencias de Jesús como el Hijo de Dios y la certeza de lo que presenta la Biblia sobre la historia de Jesucristo.

Para propósitos de este libro, es necesario conocer esta definición histórica, en conjunto con las distintas perspectivas de cristianismos existentes, al menos las que más se manifiestan en la sociedad. Esto se debe a que cuando se trabaja con un análisis de impulsos de los cristianos, y de la interacción de este con un mundo que lo motiva a actuar o realizar determinadas acciones, se está analizando desde una perspectiva del cristiano de forma general. De aquel individuo que ha aceptado la existencia de Dios, la existencia de Jesucristo como el salvador de la humanidad y que utiliza la vida de Jesús, presentada en la Biblia, como un ejemplo a seguir para entonces actuar en la sociedad a la cual pertenece.

Control

El control, tal y como se estará integrando a través de este libro, es un término que está enfocado en lo que se conoce como el *locus*. No se trata de control de dominar a una persona, sino de la capacidad de poder manejar y responder a factores internos o externos que afectan la vida y acciones. Se define el *locus* de control como la noción que tiene el ser humano de la vida, como algo que pueden controlar o los controla. El ser humano tiende a tener dos *locus*, un *locus* de control interno y un *locus* de control externo. También el ser humano puede integrar este *locus* en algunas áreas de la vida y en otras no. Las personas con un *locus* de control interno, creen que tienen más control sobre sus vidas y que lo que hacen importa con respecto a las repercusiones propias que se manifiestan en su existencia. Estas personas tienden a tener una actitud de responsabilidad por los resultados de todo lo que hacen.

Impulsos

Para propósitos de este libro, se estará analizando el impulso como el sentimiento o aspecto psicológico que lleva a una persona a crear una respuesta súbita sobre un suceso. Actuar de forma impulsiva, es simplemente no pensar en la respuesta y dejar que la acción protagonice el momento, sin que haya una respuesta analizada para tener claro lo que puede pasar tras la acción. De esta manera, se trata de una noción de acción impulsiva. Este mundo se puede percibir de varias maneras, algunas positivas, otras negativas, pero buscan una respuesta inmediata de la persona. El impulso crea una acción o respuesta que forma parte de las propias disposiciones que a nivel mental ya tiene la persona, debido a sus experiencias anteriores. Esta predisposición a actuar de una forma no quiere decir que es la respuesta apropiada, sino la que se ha identificado con el impulso presentado. Entonces, esa disposición puede inducir una acción que puede o no ser la más apropiada.

Comportamiento

El comportamiento humano es la respuesta que asume cada persona hacia los distintos estímulos de vida y que pone en función de forma continua, llevándolo a adoptar una conducta. El comportamiento es parte de la respuesta total de la persona, el modo en el que responde a las circunstancias de la vida, en función de la estimulación ambiental y su internalización de cómo lo que se presenta a su alrededor tiene o no un significado para sí mismo. De esta manera, el comportamiento designa la manera de ser y actuar de la persona, a través de las manifestaciones que pueden ser observables. El significado y el enfoque del comportamiento es adaptativo, dependiendo del entorno y sus estímulos. En el caso del comportamiento este se limita a actividades físicas directamente observables, excluyendo estados de conciencia, pensamientos, sentimientos, representaciones y otras actividades internas mentales del individuo. El comportamiento es, por tanto, el aspecto más evidente de la personalidad, el más fácilmente observable y, al mismo tiempo, el que se puede interpretar sin dificultad.

La conducta sería el resultado de que el cristiano permita que los impulsos dominen sus respuestas y acciones, hacia lo que sucede a su alrededor. Adoptando lo que responde como una conducta aceptable en su mente. Luego lo manifiesta como un comportamiento a través de sus respuestas a acciones que se parezcan. Se puede reconocer que existe un elemento cíclico en cuanto a lo que es el control de impulso, las acciones del ser humano, la conducta y el comportamiento. Para poder cambiar el comportamiento y conducta humana, se debe llevar a la persona a que controle sus impulsos, para así actuar y responder a las situaciones de vida, según las enseñanzas de Jesús. Se trata de integrar la moral y la ética en sus respuestas, para así adoptar una conducta paralela a la de Jesucristo y la que promulga el cristianismo, convirtiéndolo a su vez en un comportamiento (visible) adecuado, que sería el comportamiento cristiano esperado en la persona.

Comportamiento cristiano

El comportamiento humano debe surgir de la propia experiencia de conocer la Biblia, aceptar a Jesucristo como el Salvador e integrar sus enseñanzas en nuestras acciones. El comportamiento cristiano debe surgir de aceptar y someterse a la autoridad divina. De igual forma, el cristiano debe comportarse integrando en sus acciones todos los elementos vistos en Jesús, desde su forma de actuar, hablar o pensar. El tiempo y las acciones del cristiano deben ir coordinadas y enfocadas en hacer el bien. El comportamiento del cristiano no es uno selectivo o que se limita a un momento o espacio del día, sino que se trata de un comportamiento que se presenta y se manifiesta (que es visible) en todo momento.

El cristiano debe conocer la Biblia, ya que este se forma a través del evangelio. No hay manera de creer en Cristo, si no se conoce su historia y vida que está plasmada en los evangelios. Por tanto, no se trata de memorizar, sino de internalizar la Palabra en la propia vida del individuo y llevar las acciones de Jesús en manifestaciones a través del comportamiento. El cristiano piensa antes de actuar, y se coloca en un razonamiento desde la perspectiva de Jesús y las normativas de Dios. De este punto, es que decide si debe o no hacer o dar paso a una respuesta específica.

El comportamiento cristiano está enfocado en el modo de comportarse y actuar que debe desarrollar todo individuo (cristiano) al controlar sus impulsos y tomar las decisiones adecuadas en su vida. Esto incluye no solamente las respuestas hacia aspectos personales, sino también hacia su propia visión del mundo y cómo se interactúa con éste. Debido a que no todas las personas son cristianas, y muchas veces a la persecución que se tiene contra los cristianos, lo llevan a actuar de forma impulsiva y errónea.

Moral

La moral es el comportamiento o la práctica que todo cristiano debe adoptar y realizar. Se trata de las acciones que ven los demás, que se manifiestan en la sociedad. La moral es un conjunto de normas o valores que se aceptan como absolutos, en el caso del cristiano, esta moral se relaciona a las acciones de Jesucristo y cómo estas se pueden poner en función en las diferentes interacciones humanas. De esta manera, el ser humano adopta una serie de valores relacionados a lo que es el bien, representados a través de la Biblia y la historia de Jesucristo, y las hace el fundamento de sus propias acciones. La moral cristiana es algo inmutable porque surge de una idealización de una vida en Cristo. La vida de Jesucristo ya está escrita y cuenta con los ejemplos específicos que Dios, a través de su Hijo, puso en manos de los seres humanos para que actuaran de una manera adecuada encaminados a la salvación. Por tanto, a diferencia de la moral social, muchas veces tiende a evolucionar, según las necesidades humanas y aspectos externos de las interacciones sociales. La moral cristiana es única y esto es algo beneficioso para el ser humano que quiere creer. Porque estos valores morales ya están escritos, solo deben adoptarse por fe y manifestarlos a través del verbo y acción. Para propósitos del libro, la moral sería una repercusión de la toma de decisiones fundamentadas en poder manejar los impulsos de forma correcta. Limitando el espacio a que se manifiesten acciones erróneas o en contra de lo que Jesús plasmó en su vida.

Ética

La ética es definida como el estudio de lo que es el bien y el mal. De esta manera, la ética cristiana surge del propio estudio bíblico de la vida de Jesús, donde claramente se sostiene y define una diferencia entre el bien y el mal. De esta manera, se puede establecer qué es adecuado y permisible y qué no. En la Biblia se presentan los mandamientos de Dios, pero es a través de la vida de Jesús donde se crean ejemplos específicos de qué es lo que quiere Dios de la humanidad, de cómo Él quiere que el ser humano se comporte. Por tanto, la ética cristiana recoge estas enseñanzas y las pone en disposición de las personas, para que tengan una guía sobre qué quiere Dios de sus vidas y cómo deben actuar en sus diversas interacciones. La ética es el fundamento que permite reconocer cuando se actúa de forma impulsiva, no controlar los impulsos, lleva al cristiano a cometer errores con más facilidad y alejarse del camino que Dios quiere de las personas. La ética cristiana ayuda a poder razonar cada situación y adoptar la mejor solución o acción posible. No la que determine de forma impulsiva la mente, sino la que luego de un razonamiento adecuado, fundamentado en las enseñanzas de Jesucristo, permite tomar la decisión correcta.

Dra. Wanda Dávila Castro

Capítulo II
El impulso en los cristianos

En este libro se resalta la necesidad de reconocer que el ser humano, como cristiano, tiene unas responsabilidades para sí mismo, para la sociedad y para con Dios. Esta responsabilidad de forma básica es seguir las normativas de Dios, cumplir con su visión de la vida humana y tener a Jesucristo como un ejemplo a seguir. Pero las acciones de toda persona están motivadas por una serie de factores externos e internos, como se ha ido demostrando desde páginas anteriores, que llevan al individuo a tener una respuesta específica. El problema de investigación en este libro se formula como el hecho de que los impulsos (que se crean de forma mental interna) deberían ir a la par con estas enseñanzas de Jesucristo, pero lo cierto es que no siempre es así. ¿Por qué? Por tres principales razones.

En primer lugar, porque los impulsos se desarrollan a nivel mental, utilizando los conocimientos y experiencias previas. Si la persona ha actuado de forma errónea, o no ha seguido el ejemplo adecuado, sus impulsos o respuestas seguirán estas mismas nociones erradas de actuación. Este primer elemento del problema de investigación, se puede analizar desde una perspectiva psicológica reconociendo que el ser humano ha identificado y definido ciertos trastornos relacionados a lo que es el control de impulsos, que podrían ayudar a comprender por qué la persona actúa de tal o cual forma. Los trastornos del control de los impulsos y las personalidades psicopáticas, ahora están englobadas en la denominación de antisociales. El problemas con estos trastornos desde una perspectiva psicológica, es que las personas que padecen de las mismas, al no fundamentar sus acciones en el razonamiento, pueden poner en peligro su vida y la de las personas a su alrededor, en el mayor de los casos.

En segundo lugar, el hecho de que el cristiano a nivel mundial se ha convertido en una población que es perseguida por su creencia y fe. Acorralándolo al punto de llevarlo a tener impulsos negativos hacia la sociedad opresora. Pero el cristiano no debe tener este tipo de impulsos, debido a que no es parte de las enseñanzas de Jesús. La persecución religiosa tiene como objetivo hostigar a personas que tienen un credo que afecta a los intereses de aquellos que están en el poder o también por parte de algún grupo en particular que está al margen de la ley y quiere imponer su creencia a la fuerza en detrimento de los demás. La persecución cristiana, representa la motivación externa que busca que se creen acciones impulsivas en la mente del cristiano. En el pasado, este era el modo en el que funcionaban las civilizaciones. Una se imponía sobre la otra en búsqueda de poder o riqueza. Esta última, o sus ciudadanos se reorganizaban y en rechazo o venganza, atacaban a la civilización impuesta. De forma general, estas acciones incluían violencia, abuso y persecución contra otros. Esto es lo mismo que se está manifestando en muchos lugares en el mundo en la actualidad. En países tercermundistas o en Oriente, se puede ver una persecución institucionalizada en contra del cristiano. Pero en el caso de países de Occidente, como Estados Unidos o Puerto Rico, se trata de una visión errónea hacia el cristiano. Viéndolos como grupos elitistas que se ven por encima de la sociedad, y que no se involucran en ayudar a la misma. Una visión que, en cierta manera, el propio cristiano es culpable de haberla causado. Esta persecución lleva al cristiano a sentirse acorralado, rechazado y hostigado por la sociedad; motivando a una serie de impulsos que cargan con el mismo tipo de respuestas erróneas, donde también entra la violencia y el odio.

En tercer lugar, reconocer que todo cristiano tiene una guía de acciones, actitudes, moral y ética en Jesucristo, a través de su historia presentada en la Biblia. Pero muchas veces el cristiano obvia esto y permite que sus impulsos guíen sus actos, en vez de razonar de forma cristiana. Estamos claros que sin Jesús no hubiera cristianismo y que si Dios no lo hubiera enviado a la Tierra a dar un ejemplo de vida y de salvación, las personas seguirían rigiéndose por una serie de normativas que no irían a la par con la evolución humana contemporánea. La importancia de Jesús fue no solo marcar un cambio de la historia humana, sino marcar un ejemplo a seguir. Si la interrogante fuera: ¿cómo creer en Dios? La respuesta sería: como Jesucristo enseñó y vivió. Si la pregunta fuera: ¿qué quiere Dios de las personas? La respuesta sería: claramente seguir el ejemplo que Jesús dio en vida. Jesucristo es la fuente misma, el líder y el guía que define qué se debe realizar para lograr la salvación que Dios quiere para la humanidad. La idea es adoptar actitudes, morales, éticas y un comportamiento cristiano, que claramente no va a la par con las acciones impulsivas. Para actuar como Jesús, hay que dejar de lado el impulso, porque no tiene cabida. No se puede solo actuar, sino que se debe evaluar cada situación, pensar cómo actuaría Jesús en una situación como esta, y entonces poner en marcha una respuesta que no impacte negativamente ni a la persona ni a quienes lo rodean.

Abordando el problema

El plan es formular el hecho de que se trata de causa y efecto. Si se parte de los tres elementos mencionados antes, entonces:

a) El impulso se da a nivel mental. Si los impulsos

dan paso a acciones y respuestas erróneas, o no cristianas, entonces se debe encontrar la manera de enseñar al cristiano a manejar estos impulsos.

b) La sociedad mantiene una persecución en contra del cristiano. Pero esto no justifica que el cristiano de manera impulsiva responda a estas motivaciones con la misma visión violenta y de odio que propone la sociedad. El cristiano debe actuar conforme a lo que Jesús ha enseñado.

c) No hay justificación para que un cristiano actúe a través de impulsos, porque tiene una guía de comportamiento, moral y ética, a través de la vida de Jesucristo.

El impulso es una respuesta deliberada hacia una motivación o situación. Es un elemento mental muy parecido a lo que las personas ven como el instinto animal. Se trata de respuestas que se encuentran anidadas en la mente humana, porque lo han aceptado como una norma, porque la sociedad así las presenta, o porque ha tenido resultados satisfactorios para la persona en el pasado. Pero ser impulsivo casi nunca contiene las respuestas adecuadas para cada situación, sino que se da una respuesta que no tiene una valorización en el razonamiento, y más bien es una respuesta rápida o inmediata para el problema que puede llevar a agrandarlo en vez de solucionarlo. Viéndolo de esta manera, el individuo puede ser condicionado, o enseñado para actuar y manejar estos impulsos. Para ello se debe partir de reconocer que los impulsos pueden ser manejados, redirigidos o minimizados. Todo está en la capacidad que tenga la persona para lograrlo. Para poder manejar estos impulsos, primero debe reconocerse que se trata de un trastorno mental. Teniendo presente que la mejor herramienta que tiene la persona para trabajar con sus impulsos, es la ayuda profesional psicóloga o psiquiátrica, según sea el caso y lo que considere el especialista, donde se evalúa si este padece de un trastorno o si se trata de conductas que puedan ser moldeadas de otra manera. Si se analiza desde esta perspectiva, el cristiano entonces debe reconocer que existen recursos que le pueden ayudar a manejar estos impulsos, para así poder asegurar que sus acciones vayan a la par con la fe y doctrina cristiana que ha aceptado y adoptado por vida.

La persecución cristiana que se da en la era contemporánea es también una motivación para llevar al cristiano a ser impulsivo. Es necesario destacar, que la persecución cristiana, desde una perspectiva de problema de investigación, debe analizarse desde dos perspectivas. Una es la de la persecución que se ve en muchos países donde están asesinando y marginando a los cristianos. Otra perspectiva es la de una visión más psicológica social, donde se margina al cristiano en las sociedades, viéndolos como una población que se limita dentro de una burbuja o círculo social cerrado. Según la organización *Christian Today*, los países donde más persecución tienen los cristianos son: China, Indonesia, India, Pakistán, Irán, Afganistán, Irán, Siria, Arabia Saudita, Yemen, Egipto, Sudán, Libia, Etiopía, Kenia, Mozambique, Congo, Nigeria, República Centroafricana, Argelia, Colombia, México, entre otros. La persecución que se da en estos países, no es solo psicológica, sino física, donde los cristianos son asesinados por sus creencias, mutilados, raptados y abusados. Ser cristiano en estos países es un peligro para las personas, pero su fe y esa responsabilidad evangelizadora, los lleva a mantenerse firmes.

La persecución cristiana también tiene un elemento psicológico que no se puede pasar por alto. Se trata de un elemento que claramente es más evidente en la sociedad y comunidad cristiana contemporánea. En Puerto Rico, por mencionar un ejemplo, la persecución cristiana se está manifestando a través de las leyes contemporáneas liberales, que atentan en contra de la fe cristiana. Un ejemplo de este tipo de persecución cristiana, podría ser la imposición de ideología de género que se está dando en el Gobierno de Puerto Rico, o las leyes que están dando paso al matrimonio homosexual.

Pasando por alto si esto es bueno o malo, si Dios lo permite o no, se trata de persecución cristiana, porque al hacer legales estos actos, se le está diciendo a la sociedad que es algo normal y aceptable cuando contradice directamente la Palabra. Si el gobierno debe responder a los intereses de todos los ciudadanos como iguales, entonces estaría discriminando en contra de aquellos que no creen que esto sea algo correcto, según sus doctrinas y creencias, como el cristianismo.

Por último, se tiene que ver desde la perspectiva de que el uso de impulsos para responder a las distintas situaciones y acciones de vida, no debería ser una opción, porque se cuenta con una guía de moral, ética y experiencias que dejó Jesucristo en vida. La conducta que se espera del cristiano es una fundamentada en obediencia. Se trata de seguir las normativas de Dios, de someterse a lo que este quiere del ser humano. Especialmente a través del ejemplo que dio Jesucristo con su vida. Para algunos cristianos, Jesús es una figura bíblica, el Hijo de Dios, el Salvador de la humanidad. Pero al analizar de forma profunda la visión de Cristo, su vida y sus acciones, todo está totalmente premeditado por Dios. Se trataba de decir a la humanidad: «Ustedes quieren la salvación, quieren la vida eterna, pues esto es lo que yo quiero. Esto es lo que yo busco que ustedes hagan en vida». Dios en vez de dejar una visión ambigua o abstracta de lo que buscaba para la humanidad, de lo que quería hicieran las personas, decidió dar a su Hijo en sacrificio, que fuera ejemplo y líder para la humanidad. La vida de Jesús se convierte en un manual abierto, para así, en el caso de este libro, poder comprender que no es justificable que las personas actúen a través de impulsos. Cuando estos cristianos se han educado a través del ejemplo de vida de Jesús, quien claramente analizaba toda situación y sus respuestas siempre eran éticas, con moral y fundamentadas en las normativas de Dios.

La causa son factores internos enfocados en la propia educación cristiana de la persona. Como factores externos que se fundamentan en las interacciones e imposiciones sociales relacionadas a las libertades que tienen los ciudadanos, que llevan al cristiano a actuar y responder de una forma deliberada, o de impulsos, lo cual es erróneo. El efecto en el cristiano no adopta la visión de la vida de Jesús y su ejemplificación en sus acciones, dando paso a que sus actos no representen realmente lo que se espera de un cristiano.

Trasfondo histórico

Se ha venido fundamentando cómo el cristiano debe manejar sus impulsos. Reconociendo que son elementos mentales, aunque más adelante se hará un trasfondo histórico de los análisis psicológicos de lo que estos representan. La impulsividad no es un concepto unitario; sino que se trata de una etiqueta, el impulso, que se aplica a menudo a una colección heterogénea de comportamientos que varían considerablemente en términos de forma y función. A través del análisis de lo que son los impulsos se reconoce que se trata de una respuesta que se caracteriza por acciones realizadas con poca previsión, que dan resultados inmediatos. En términos teóricos, se supone que estas acciones o respuestas deliberadas e inmediatas sean positivas para quien las realiza. La capacidad de responder rápidamente con poca evaluación del problema, puede ser adaptativa o beneficiosa en tales circunstancias. El problema radica en que para que estas respuestas sean beneficiosas, la relación de recuerdos y experiencias, con respecto al fenómeno que se está manifestando, deben partir de unas bases de conocimientos y experiencias de igual forma adecuados. De lo contrario, la respuesta sería inmediata, pero no la mejor para el problema. Por eso se destaca que la impulsividad puede ser de igual forma desadaptativa o no óptima.

Los impulsos pueden ser adaptativos o desadaptativos. Algunos incluyen dentro de estas acciones impulsivas la búsqueda de sensaciones, de novedades, emoción, búsqueda de recompensas, extraversión, emprendedoismo, hiperactividad, perseverancia en la respuesta y necesidad de gratificación inmediata. También se sugiere la ausencia de una habilidad o algún otro tipo de déficit que podría relacionarse a la desinhibición, baja deliberación, la premeditación, impaciencia, baja persistencia, falta de planificación, baja orientación al futuro, baja ansiedad, escasez de control inhibitorio, escasez de condicionamiento del miedo, escasez de autocontrol y escasez de autorregulación. La impulsividad lleva al ser humano a tener una urgencia a actuar ante una condición determinada o situación, que podría enfocarse en resultados negativos. Estas diversas formas de impulsividad son distintas en términos de función y habilidades conductuales asociadas, y su inclusión bajo la misma destaca asociaciones variadas.

A nivel histórico, el primer enfoque teórico que analiza lo que es la impulsividad, es dentro de la Teoría de la sensibilidad del refuerzo, de Jeffrey Gray. Una suposición central del modelo de Gray es que los rasgos de personalidad de orden superior, como la ansiedad y la impulsividad, surgen de sistemas motivacionales de base neurológica. Esto es muy importante, cuando se busca analizar lo que es la impulsividad del ser humano, debido a que si se trata de una base neuronal, puede ser tratado, moldeado y analizado de forma vasta. En el modelo de la teoría de la sensibilidad del reforzamiento, se incorporan términos como: recompensa y castigo, donde sobresale una relación entre su valor emocional y motivacional, y los comportamientos que estos generan.

Las recompensas, por ejemplo, se consideran estímulos de incentivo positivos que están asociados con el afecto positivo. Por tanto, esta recompensa se reconoce como una motivación positiva de incentivo, que aborda variados estímulos. En los seres humanos, algunos estímulos pueden ser la atracción, el deseo, el júbilo, el entusiasmo, la expectativa y la esperanza.

Dentro de la teoría de Grey, se definen tres sistemas motivacionales en los cuales se fundamentan los impulsos de las personas. La versión actual de esta teoría, propone tres sistemas separados de base biológica que sustentan las tendencias conductuales. Uno de estos es el sistema de enfoque conductual, que determina que el impulso responde a las recompensas y al cese del castigo. De igual forma, activa emociones como la esperanza y la felicidad que fomentan las conductas de acercamiento. Este sistema impulso se caracteriza por el optimismo y la impulsividad, permitiendo crear predicciones sobre lo que vendrá tras el impulso. Un segundo sistema es el de lucha-huida-congelación, este responde al castigo inmediato o amenazas de daño. En este sistema los impulsos activan emociones como el pánico, el miedo y la rabia que inician conductas de escape, donde la persona busca evitar la consecuencia y la lucha. La alta manifestación de este modelo se asocia con fobias y trastorno de pánico.

El cristiano y el control de impulsos

El último modelo o sistema de Grey, es el de inhibición conductual. En este se analiza cómo los impulsos son responsables de resolver los conflictos de objetivos, como podría ser entre los dos sistemas ya mencionados. Cuando se detecta un conflicto, si la persona sigue el modelo de enfoque conductual, los motiva a conductas apresuradas. Si se utiliza el sistema de lucha-huida-congelación, se motiva a la persona a evitar el problema o desenlace. Mientras que con el modelo de inhibición conductual se fomenta un acercamiento cauteloso o evitar pasivamente la amenaza percibida.

Esto es solo una visión histórica, al menos del comienzo teórico en el cual se analizó lo que es el impulso y el control de impulsos desde una perspectiva teórica psicológica. Pero de igual forma se podrían analizar desde una perspectiva histórica cristiana. El comportamiento, los impulsos y la motivación del ser humano se ven matizados por la propia existencia de Jesucristo. Desde una perspectiva histórica el impacto de Jesucristo en el comportamiento humano, no se da desde su crucifixión y el milagro de su resurrección, sino desde su propio nacimiento.

Jesús a través de su crecimiento se fue desarrollando en la Palabra, en la evangelización y otorgó cátedra a muchos, quienes vieron con buenos ojos cómo este ejemplificaba la palabra de Dios en sus acciones. Su influencia comenzó con ese grupo de personas que lo rodeaban. Luego en los propios apóstoles quienes siguieron esta encomienda evangelizadora. La vida misma de Jesús es un tipo de motivación para crear impulsos en las personas. De ahí radica la importancia del análisis del control de impulso en cristianos. Porque las enseñanzas de Jesús buscan que el cristiano actúe como Él y responde a las distintas motivaciones o situaciones de vida, de forma positiva, que pone en ejecución respuestas morales y éticas, siempre enfocadas en el bien.

Este proceso de impacto en el comportamiento de las personas, se da desde la época bíblica donde se plasma la historia de Jesús hasta la edad contemporánea. Donde aún el cristianismo está vivo, pero se tiene que enfrentar a un sinnúmero de conflictos sociales y existenciales, que ponen a prueba los valores y la propia fe de la persona. Este impacto externo lleva a la persona a cuestionar su fe y a adoptar respuestas (impulsos) negativos o erróneos ante las distintas situaciones. Aspecto que no debería estar sucediendo, ya que el cristiano tiene la Biblia, donde claramente se detalla la vida de Jesús y se propone una guía a través de sus experiencias de vida y sus acciones para que el individuo tome acciones o proponga respuestas similares en sus acciones.

La razón para aplicar lo dicho en este libro

El plan de este libro está fundamentado en comprender que controlar los impulsos, en el caso de los cristianos, es parte de lo que Dios a través de las enseñanzas de Jesús busca en toda persona. Todo se fundamenta en el propio plan de Dios, un plan de amor y de salvación para todos.

> *Porque yo sé los pensamientos que tengo acerca de vosotros, dice Jehová, pensamientos de paz, y no de mal, para daros el fin que esperáis. (Jeremías 29:11)*

Dios solo busca lo mejor para las personas, busca siempre el bien. Las acciones que se pueden desatar por los impulsos pueden llevar al ser humano a perder la esperanza y a alejarse de una voluntad de bienestar que Dios busca para el ser humano.

> *En cuanto a Dios, perfecto es su camino, y acrisolada la palabra de Jehová; escudo es a todos los que en él esperan. (Salmos 18:30)*

El plan de Dios es perfecto y por eso dio a su Hijo en sacrificio, para que su ejemplo de vida sentara las bases de ese camino que Él busca para las personas. Como se ha mencionado anteriormente, no controlar los impulsos, lleva al individuo a alejarse de ese pensamiento y ejemplo provisto por Cristo, alejando a la persona a su vez de esa perfección delineada para el camino de salvación.

> *El corazón del hombre piensa su camino; mas Jehová enereza sus pasos. (Proverbios 16:9)*

El hombre tiene la capacidad y la obligación de reenfocar su vida en la planificación de su camino de salvación. Para esto tiene a Jesús como ejemplo y la Biblia como guía de práctica. La fe es su fuerza motivadora. Por tanto, ese camino de salvación se logra actuando tal y como lo hizo Jesús. El Salvador nunca actuó deliberadamente, sin razonamiento, sin un fundamento en los intereses de su padre (Dios). Esa misma forma de pensar y de actuar debe ser acatada por todo cristiano.

> *No concedas, oh Jehová, al impío sus deseos; no saques adelante su pensamiento, para que no se ensoberbezca. (Salmos 140:8)*

Los deseos impíos son un tipo de impulso que se manifiestan en las personas, debido a distintas situaciones o motivaciones externas. Estos deseos impíos se pueden manejar, o minimizar con la guía adecuada. Para ello se requiere que el cristiano se eduque en la Palabra. Porque, nuevamente, la guía y el ejemplo a seguir están en la vida de Jesús y esta vida está completamente plasmada en la Biblia. El comportamiento fue siempre una de las metas de Dios para el ser humano. En la Biblia, Dios claramente busca que este comportamiento siga unas normativas específicas.

Y Jehová dijo a Satanás: ¿No has considerado a mi siervo Job, que no hay otro como él en la tierra, varón perfecto y recto, temeroso de Dios y apartado del mal? (Job 1:8)

Se trata de un comportamiento intachable, recto, apartado del mal y temeroso a Dios. El cristiano logra este comportamiento, alejando los impulsos negativos, alejándose de las acciones que van en contra de las normativas cristianas.

La ley de Jehová es perfecta, que convierte el alma; el testimonio de Jehová es fiel, que hace sabio al sencillo. Los mandamientos de Jehová son rectos, que alegran el corazón; el precepto de Jehová es puro, que alumbra los ojos. El temor de Jehová es limpio, que permanece para siempre; los juicios de Jehová son verdad, todos justos. Deseables son más que el oro, y más que mucho oro afinado; y dulces más que miel, y que la que destila del panal. Tu siervo es además amonestado con ellos; en guardarlos hay grande galardón. (Salmos 19:7-11)

La ley de Dios, sus normativas, siempre fueron justas, únicas, simples, pero muy claras. Guardar estas leyes es parte de las recompensas que reciben los cristianos. Pero gran parte de estas normativas se enfocan en moldear el comportamiento de las personas, resaltando que todo se trata de pensar y actuar conforme a estas normas.

Capítulo III

La Biblia, la psicología y los expertos en el tema

A través de este capítulo se estará presentando una serie de temas relacionados con lo tratado hasta ahora. Estos temas serán la base fundamental de los datos que se han recopilado a través de una revisión de literatura, con un enfoque documental descriptivo, en torno al tema «el cristiano y el control de impulsos».

La Biblia y lo que dice sobre los impulsos

Los impulsos, como se ha mencionado anteriormente, se relacionan a acciones deliberadas, rápidas, con poco razonamiento, que otorgan una respuesta inmediata, que no siempre es la correcta. A través de la Biblia se puede reconocer cómo el autocontrol, o el control de los impulsos, debe ser una herramienta que el ser humano utilice, no solo para seguir las enseñanzas de Jesucristo, sino también para agradar a Dios. El autocontrol es la herramienta que tiene todo ser humano para limitar la toma de decisiones o respuestas a través de los impulsos. Es Jesús quien demostró lo que es el autocontrol a los creyentes, a través de su ejemplo y demostrando que aun siendo el Hijo de Dios, Él no se imponía sobre el mundo, ni mucho menos imponía su poder. Siempre mantuvo autocontrol y siguió al pie de la letra las ordenanzas del Padre y el camino que ya había sido escrito y trazado para Él. Un ejemplo de los impulsos y del autocontrol que Dios quiere del ser humano puede verse en la historia de Moisés.

> *María y Aarón hablaron contra Moisés a causa de la mujer cusita que había tomado; porque él había tomado mujer cusita. Y dijeron: ¿Solamente por Moisés ha hablado Jehová? ¿No ha hablado también por nosotros? Y lo oyó Jehová. Y aquel varón Moisés era muy manso, más que todos los hombres que había sobre la tierra. (Números 12:1-3)*

Moisés fue un personaje de carácter dócil, muy calmado, siempre a disposición de Dios y esperando en todo momento que se cumpliera el pacto de Él con el hombre. Moisés fue puesto a prueba muchas veces por los israelitas, aun así no se dejó llevar por los impulsos, sino que mantuvo un autocontrol de sus acciones para así poder cumplir y agradar a Dios. A pesar de esto, un ejemplo de actuar a través de impulsos se puede ver en su propia historia.

> *Y habló Jehová a Moisés, diciendo: Toma la vara, y reúne la congregación, tú y Aarón tu hermano, y hablad a la peña a vista de ellos; y ella dará su agua, y les sacarás aguas de la peña, y darás de beber a la congregación y a sus bestias. Entonces Moisés tomó la vara de delante de Jehová, como él le mandó. Y reunieron Moisés y Aarón a la congregación delante de la peña, y les dijo: ¡Oíd ahora, rebeldes! ¿Os*

hemos de hacer salir aguas de esta peña? Entonces alzó Moisés su mano y golpeó la peña con su vara dos veces; y salieron muchas aguas, y bebió la congregación, y sus bestias. Y Jehová dijo a Moisés y a Aarón: Por cuanto no creísteis en mí, para santificarme delante de los hijos de Israel, por tanto, no meteréis esta congregación en la tierra que les he dado. (Números 20:7-12)

Moisés se vio acorralado por un pueblo al que le faltaba agua, que además había perdido en cierta manera su fe en Dios. Moisés ruega a Dios le otorgue el milagro de las aguas en la piedra, lo cual le concedió. Pero en su impulso, se atribuyó a sí mismo el agua que salía de la piedra y no le otorgó a Dios la honra de ser Él quien hacía esto por el pueblo. Esta actuación a través de impulso le costó a Moisés la entrada a la tierra prometida.

Los impulsos son parte de los deseos mundanos. Porque se trata de respuestas que se han incorporado en la mente de la persona, porque las ha visto plasmadas como norma en un mundo que se ha alejado de Dios.

Porque la gracia de Dios se ha manifestado para salvación a todos los hombres, enseñándonos que, renunciando a la impiedad y a los deseos mundanos, vivamos en este siglo sobria, justa y piadosamente... (Tito 2:11, 12)

Para reprimir estos deseos mundanos y acciones fundamentadas en los impulsos, se debe actuar de forma justa y piadosa. De este modo la persona analiza cada una de las situaciones de vida, se pone en los zapatos de Jesucristo, analiza las normativas de Dios y luego actúa, no solamente sabiendo que esto tendrá una repercusión para sí mismo, sino también para todas las personas alrededor. Porque ser cristiano no es cosa de uno, sino de congregaciones, de multitudes. Por tanto, la justicia en los actos humanos reprime los impulsos y permiten que las acciones puestas en marcha vayan acorde y alineadas con el plan de salvación de Dios.

Los impulsos también son criticados en la Biblia, de manera tal que se busca que la persona logre un dominio propio (autocontrol) para poder reprimir actuar de este modo.

> *...vosotros también, poniendo toda diligencia por esto mismo, añadid a vuestra fe virtud; a la virtud, conocimiento; al conocimiento, dominio propio; al dominio propio, paciencia; a la paciencia, piedad; a la piedad, afecto fraternal; y al afecto fraternal, amor. Porque si estas cosas están en vosotros, y abundan, no os dejarán estar ociosos ni sin fruto en cuanto al conocimiento de nuestro Señor Jesucristo. Pero el que no tiene estas cosas tiene la vista muy corta; es ciego, habiendo olvidado la purificación de sus antiguos pecados. (2 Pedro 1:5-9)*

Pedro claramente destaca que el autocontrol es uno de los elementos que Dios busca que tenga junto a su fe. Desde la creación del mundo y el pecado de Adán y

Eva, el ser humano es pecador. Porque buscando la fruta prohibida, el conocimiento, falló a Dios. A pesar de esto, Dios les otorgó una oportunidad de seguir existiendo y siendo parte de la creación, con unas consecuencias claras que aún se manifiestan a nivel espiritual y de salvación del ser humano. Por ello, el cristiano debe tener un dominio propio para evitar caer en tentación, que lo lleve a ser como Jesucristo y que asegure que sus acciones de vida no sean actos impulsivos, sino que representen la fe en la que cree y en la que fundamenta toda su existencia.

Santiago otorga una ejemplificación de lo que es actuar a través de impulsos, o más bien una crítica a aquellos que se dejan llevar por estos y permiten que su boca sea la que actúe y no su mente. Que sus actos sean deliberados e inmediatos, sin análisis, sin reconocer los posibles resultados.

Hermanos míos, no os hagáis maestros muchos de vosotros, sabiendo que recibiremos mayor condenación. Porque todos ofendemos muchas veces. Si alguno no ofende en palabra, este es varón perfecto, capaz también de refrenar todo el cuerpo. He aquí nosotros ponemos freno en la boca de los caballos para que nos obedezcan, y dirigimos así todo su cuerpo. Mirad también las naves; aunque tan grandes, y llevadas de impetuosos vientos, son gobernadas con un muy pequeño timón por donde el que las gobierna quiere. Así también la lengua es un miembro pequeño, pero se jacta de grandes cosas. He aquí, ¡cuán grande bosque enciende un pequeño fuego! Y la lengua es un fuego, un mundo de maldad. La lengua está puesta entre nuestros miembros, y contamina todo el cuerpo, e inflama la rueda de la creación, y ella misma es inflamada por el infierno. Porque toda naturaleza de bestias, y de aves, y de serpientes, y de seres del mar, se doma y ha sido domada por la naturaleza humana; pero ningún hombre puede domar la lengua, que es un mal que no puede ser refrenado, llena de veneno mortal. Con ella bendecimos al Dios y Padre, y con ella maldecimos a los hombres, que están hechos a la semejanza de Dios. De una misma boca proceden bendición y maldición. Hermanos míos, esto no debe ser así. (Santiago 3:1-10)

La boca y la lengua representan en este caso la impulsividad criticada en la Biblia, esos actos que son más mundanos, responden a costumbres o normas sociales que la persona acepta de forma errónea porque nunca las cuestionó. El mensaje de Dios en la Biblia es claro, los impulsos deben ser suprimidos y erradicados.

Angustiado él, y afligido, no abrió su boca; como cordero fue llevado al matadero; y como oveja delante de sus trasquiladores, enmudeció, y no abrió su boca. (Isaías 53:7)

Jesús mismo aguantó su boca, no permitió que sus impulsos fueran parte de sus acciones o palabras. Tenía todo el derecho de ser impulsivo, de reprochar a los humanos, cómo Él que era su Salvador, estaba siendo crucificado. Pero Jesús comprendió que se trataba de una misión mucho más amplia, de un plan colosalmente más amplio, donde Él claramente tendría que cumplir su parte y ser ese cordero en sacrificio, para formular un nuevo pacto para que Dios perdonara al humano, para que Dios les permitiera seguir existiendo. Jesucristo es el claro ejemplo de cómo debe ser el autocontrol de una persona.

Los impulsos son acciones irracionales. Se podría decir que un animal actúa por instinto, que sería lo mismo que los impulsos. El animal se le enseña o condiciona que cada vez que escucha un ruido debe llegar a su establo a comer y cada vez que escuche el ruido hará tal acción, aun cuando no exista comida en el establo, o no sea su propio amo quien esté haciendo el ruido. Esta misma irracionalidad se impone en las acciones del cristiano, quien en ocasiones confunde lo mundano, lo que se aprende en la calle, o en el hogar, pero que ciertamente no es lo que Dios quiere de sus vidas. De manera irracional van sumando conocimientos, destrezas y experiencias, que van formando un grupo de respuestas (impulsos) predeterminadas para ciertas acciones. Pero si estos conocimientos, destrezas y experiencias no están fundamentadas en la vida de Jesucristo, los actos que promueven serán completamente erróneos e impulsivos.

La irracionalidad que trata este versículo de la Biblia es muy importante. El ser humano nace con una capacidad biológica y psicológica que lo hace distinto a todas las demás criaturas que creó Dios en el mundo. De forma física, el hombre está dotado de un cerebro, y de unos órganos que le permiten analizar y comprender el mundo alrededor a través de la percepción de sus sentidos. De igual forma, a través de su físico el ser humano es dotado con un sistema auditivo, boca, pulmones, tráquea y lengua, que en conjunto con el cerebro, le permiten desarrollar lenguaje. Sus ojos le permiten leer y sus manos le permiten escribir. El ser humano al crear un conjunto de estas destrezas físicas, logra comprender el mundo que lo rodea, transmitir y recibir mensajes, desarrollar una comunicación, que es la que le permite desarrollar conocimiento.

El aprendizaje y desarrollo humano dependen de esta capacidad. A nivel mental o psicológico, el ser humano está dotado de razonamiento, que junto con la capacidad biológica del cerebro de almacenar información, y de la memoria, permiten que el ser humano pueda discernir en sus actos lo que es el bien y el mal; lo que es bueno para sí mismo y lo que no. Es aquí donde entran directamente las enseñanzas de Jesús y todo lo que se recoge en la Biblia. Además del ejemplo de las iglesias y de las personas que forman parte de ella; si este individuo se cría en un ambiente donde se razona en favor de un comportamiento adecuado, aceptado y positivo, entonces este incluirá este mismo tipo de comportamiento en sus interacciones diarias. También si en su entorno se educa para manejar los impulsos y tomar las mejores decisiones en cuanto a su comportamiento y respuesta de las distintas situaciones, entonces se logra que la persona actúe acorde con las normativas de Dios. A esto se añade el hecho de que si la persona es educada bajo los preceptos de la Biblia, en la historia de Jesús, entonces podrá tener las bases morales y éticas para actuar como lo hizo Él.

Se debe destacar que la impulsividad no es siempre algo errado. Un ejemplo de esto es el apóstol Pedro, quien claramente tendía a actuar y decir lo correcto con impulsividad.

Él les dijo: Y vosotros, ¿quién decís que soy yo? Respondiendo Simón Pedro, dijo: Tú eres el Cristo, el Hijo del Dios viviente. (Mateo 16:15, 16)

Pedro claramente conocía a Jesús, conocía su historia, sabía que Él era el Mesías. Su impulsividad lo llevaba a ser correcto en lo que decía, y a decirlo en el momento que fuera necesario.

Dijo entonces Jesús a los doce: ¿Queréis acaso iros también vosotros? Le respondió Simón Pedro: Señor, ¿a quién iremos? Tú tienes palabras de vida eterna. Y nosotros hemos creído y conocemos que tú eres el Cristo, el Hijo del Dios viviente. (Juan 6:67-69)

Su fe lo llevaba a sustentar las enseñanzas de Jesús, a reconocerlo como Hijo de Dios, a verlo como un guía y a su vez a reconocer su liderazgo. Pero la recomendación de forma general a través de la Biblia, es que el hombre no actúe con impulso.

Por esto, mis amados hermanos, todo hombre sea pronto para oír, tardo para hablar, tardo para airarse; porque la ira del hombre no obra la justicia de Dios. (Santiago 1:19, 20)

En este caso, Santiago relaciona la impulsividad con la ira. La ira es un sentimiento de rabia, de disgusto de acciones negativas hacia otro. Pero en específico una acción que se realiza con poco razonamiento, sin tener en cuenta sus verdaderas conclusiones. Por eso Santiago otorga una especie de guía sobre lo que se tiene que hacer para actuar de forma correcta ante Dios. Se trata primero de escuchar. Pero no solo oír a otras personas, sino de una acción más apremiada, de analizar, pensar, razonar, ver todo lo que fundamenta esta situación, antes de tomar una acción. El «escuchar» que menciona Santiago se fundamenta en la acción completa de razonamiento en búsqueda de que antes de tomar una acción, primero se conozca ampliamente qué crea esta situación, y tener en consideración varias posibles respuestas para este escenario, teniendo en mente de igual manera las propias repercusiones de cada uno de los actos de la persona.

En segundo lugar, Santiago menciona que la persona debe hablar. Pero de la misma forma que escuchar no solo representa la acción de oír a otra persona, en este caso hablar, no es solamente emitir un mensaje, sino que se trata de la acción. Hablar es el propio verbo de la persona. En el caso del cristiano, el verbo que realiza al tomar a Cristo como el centro, guía y salvador de su vida. Una persona, luego de analizar de forma profunda la situación y crear una serie de posibles respuestas, ya está listo para actuar. Para otorgar una respuesta, ya sea hablada, escrita o a través de algún acto. Para Santiago, el ser humano debe ser tardío en hablar, porque no se debe actuar de forma impulsiva, sino que corresponde analizar cada situación, para evitar la ira. En este caso la ira también representa cualquier acción apresurada, impulsiva y negativa que pueda formular una persona.

La impulsividad hace dudar al cristiano, a temer sin reconocer que todo lo que necesita es la fe en Dios, una fe completa, donde sea Dios y Jesús a través de sus enseñanzas el fundamento de su propia vida.

Entonces le respondió Pedro, y dijo: Señor, si eres tú, manda que yo vaya a ti sobre las aguas. Y él dijo: Ven. Y

> *descendiendo Pedro de la barca, andaba sobre las aguas para ir a Jesús. Pero al ver el fuerte viento, tuvo miedo; y comenzando a hundirse, dio voces, diciendo: ¡Señor, sálvame! Al momento Jesús, extendiendo la mano, asió de él, y le dijo: ¡Hombre de poca fe! ¿Por qué dudaste? Y cuando ellos subieron en la barca, se calmó el viento. Entonces los que estaban en la barca vinieron y le adoraron, diciendo: Verdaderamente eres Hijo de Dios. (Mateo 14:28-33)*

Pedro, uno de los apóstoles más sabios, tuvo sus dudas y actuaba con impulsividad, creando acciones negativas para sí mismo. Luego del milagro de la multiplicación de los panes y los peces en el desierto, pidió a los discípulos que fueran en una barca a otra ribera. Jesús se retiró a orar, luego se despidió de las multitudes y al llegar a la orilla ya la barca se había marchado y los discípulos corrían peligro.

Jesús, en otro de sus milagros, comenzó a caminar sobre el mar y se acercó a ellos. Los discípulos pensaron por un momento que era un fantasma, hasta que Jesús se identificó. Pero fue Pedro con su impulsividad quien puso en duda que era Jesús quien les hablaba. Pidió entonces a Jesús que si era él, hiciera que Pedro caminara sobre el agua. Pedro comenzó a caminar sobre el agua, pero su propia duda e impulsividad lo llevó a cuestionar su propia fe, hundiéndose, llevando a que Jesús tuviera que salvarlo y demostrando que sí era Él. Esta historia se debe destacar, debido a que la impulsividad se manifiesta de varias formas, no se trata solo de actuar de forma inmediata, apenas pensando, sino que se trata de que el cristiano no debe dudar. La duda en la fe es una respuesta directa de impulsividad, de no pensar de forma correcta, de no reconocer que Jesucristo es su Salvador y que con fe este se manifiesta en la vida de todos.

Otra manifestación de la impulsividad es la de no saber qué decir. El cristiano se prepara con la Palabra, con el ejemplo de Jesús y todo cuanto se puede obtener del propio ejemplo cristiano a su alrededor. De esta manera, al momento de actuar, conoce al menos la opción correcta o más de una posible respuesta o acción, para una situación. Una de las bases es saber qué decir, haciendo de la palabra de la persona una manera de proyectar las enseñanzas de Jesús.

Porque no sabía lo que hablaba, pues estaban espantados. Entonces vino una nube que les hizo sombra, y desde la nube una voz que decía: Este es mi Hijo amado; a él oíd. Y luego, cuando miraron, no vieron más a nadie consigo, sino a Jesús solo. Y descendiendo ellos del monte, les mandó que a nadie dijesen lo que habían visto, sino cuando el Hijo del Hombre hubiese resucitado de los muertos. Y guardaron la palabra entre sí, discutiendo qué sería aquello de resucitar de los muertos. Y le preguntaron, diciendo: ¿Por qué dicen los escribas que es necesario que Elías venga primero? Respondiendo él, les dijo: Elías a la verdad vendrá primero, y restaurará todas las cosas; ¿y cómo está escrito del Hijo del Hombre, que padezca mucho y sea tenido en nada? (Marcos 9:6-12)

Perspectiva psicológica de los impulsos humanos

La comprensión de los impulsos no puede ser analizada solamente desde la Biblia. Este escrito divino cuenta con las bases mismas del comportamiento, la vida y la obra de Jesús, asimismo la historia divina desde la creación del mundo. Pero los impulsos son acciones mentales y psicológicas del ser humano, por tanto, se debe tener una perspectiva científica que ayude a comprender qué son los impulsos y cuál es su función en el desarrollo humano. Los impulsos dentro de la psicología son analizados como parte de las distintas conductas que puede presentar una persona.

Se puede observar que, en los últimos años, la impulsividad se ha convertido en el centro de la investigación psicológica aplicada y las ciencias del comportamiento, debido a que la impulsividad considerada como un componente desencadenante de muchos trastornos psiquiátricos y preocupaciones clínicas, ha llamado la atención de los investigadores. La impulsividad, vista como un desencadenante de otros trastornos, es un elemento clave para comprender su efecto sobre los actos de las personas; en este caso del cristiano, debido a que si la impulsividad se puede controlar, identificar, moldear y prevenir, entonces muchos otros trastornos también lo pueden ser.

Uno de los principales problemas con las conductas impulsivas, es que debido a la necesidad continua y vital de controlar los impulsos, la impulsividad ha sido reconocida por muchas áreas psicológicas como punto vital de investigación. La impulsividad juega un papel crucial en la vida diaria de los humanos, como el proceso de toma de decisiones, como también en su impacto sobre varios trastornos, como los trastornos de la personalidad, los trastornos por uso de sustancias, el déficit de atención, el trastorno de hiperactividad. De esta forma, se destaca que la impulsividad no es algo que se pueda simplemente sacar o quitar de la mente de la persona. Se trata de algo que está ahí, pero que claramente se puede controlar y tratar. La impulsividad puede reproducir los factores psicológicos que pueden conducir a la tendencia al crimen, crear riesgos, comportamientos antisociales y agresivos de los individuos. Es por esto que el análisis y estudio amplio sobre la impulsividad es necesario, no solo dentro de la psicología, sino a través de un análisis multidisciplinario, que ayude a comprender el rol de la impulsividad en la vida de las personas y en sus interacciones con otros escenarios.

La impulsividad se puede considerar como una

conducta de riesgo, y puede terminar convirtiéndose en un rasgo de personalidad específico en toda persona. Como rasgo, la impulsividad debe ser vista como el conjunto de las características distintivas y duraderas de los individuos, que afectan las actividades diarias de las personas. Este impacto es constante y se impone a través del tiempo. La impulsividad también se examina como un estado que se refiere al cambio de actitudes y respuestas momentáneas relacionadas a estímulos internos y externos en el individuo. También se debe recalcar que los impulsos son estímulos internos o externos que conducen a comportamientos espontáneos. De forma general, la impulsividad generalmente se caracteriza como una conducta dañina en la sociedad y es por esto que su análisis psicológico busca moldear las conductas compulsivas y crear estrategias para minimizar la manifestación de este modo de actuar.

Desde una visión psicológica, los impulsos pueden analizarse a través de rasgos específicos. Los comportamientos impulsivos causan algunas condiciones desfavorables. Varios rasgos psicopáticos de la personalidad también pueden conducir a la impulsividad. De esta manera, en la misma forma en que la impulsividad promueve una serie de trastornos o conductas, existe una serie de factores que pueden producir conductas impulsivas en la persona, como lo son los rasgos de conductas negativas o desviadas y la autoeficacia de la persona.

Debido a que los rasgos de personalidad tienen un papel crucial en las actitudes y comportamientos de los individuos en los procesos sociales, se deben tener en cuenta los aspectos positivos y negativos de la personalidad. En este tipo de personalidad se consideran características importantes, que son indeseables y desfavorables en la vida social, debido a sus efectos negativos en las actitudes y comportamientos de los individuos; y las propias repercusiones sobre quienes rodean a las personas que asumen este modo de actuar. Estos rasgos negativos de personalidad, también hay que verlos como rasgos de personalidad oscura. A decir verdad, no existe una clasificación universalmente aceptada del rasgo oscuro de la personalidad, pero sí se podrían tomar como ejemplos conductas relacionadas al narcisismo, el maquiavelismo y la psicopatía.

El maquiavelismo se define como una personalidad manipuladora, que representa falta de empatía, bajo afecto, presencia de pensamientos y puntos de vista poco éticos; tener tendencia al engaño, explotación de los demás y a obsesionarse con sí mismo. Además, el maquiavelismo se refiere a algunas características determinadas, como por ejemplo, culpar a los demás, falta de emociones y egoísmo. En el caso del narcisismo, se refiere a la persona egocéntrica y que posee algunos rasgos relacionados a la arrogancia y superioridad. Se destaca que los individuos narcisistas necesitan atención y admiración por parte de los demás, por ello se esfuerzan por obtener un alto estatus, poder y prestigio. Estas personas tienden a no tener confianza, presentar falta de atención y el no brindar importancia al cuidado de los demás.

Dentro de los rasgos de las conductas oscuras, se encuentran también las conductas psicópatas. Aquí entran las emociones antisociales, que se presentan en personas que también muestran tendencia a tener poco afecto, poco remordimiento, poco miedo, poca empatía, impulsividad y agresión hacia los demás. En el caso de la conducta psicópata, tiende a analizarse como una predisposición, que conduce a manifestar actitudes y comportamientos egoístas para lograr el objetivo de las personas. De esta manera, tanto el narcisismo, las conductas maquiavélicas y las conductas oscuras, representan características indeseables de los individuos; que los lleva a actuar con poca ética, ser manipuladores, impulsivos, egocéntricos, acusadores, entre otros. Lo interesante de este análisis es que se había propuesto hasta el momento, que el comportamiento impulsivo habría que manipularlo o limitarlo, para evitar conductas y acciones desviadas y no apropiadas en el cristiano. Pero ahora surge la necesidad de también auscultar otros aspectos predeterminantes que pueden crear estos comportamientos impulsivos en las personas.

También se reconoce que la autoeficacia puede tener un efecto significativo en los pensamientos, sentimientos, puntos de vista y reacciones emocionales de las personas. La influencia que tiene la autoeficacia sobre los impulsos es directa. Aquel individuo que tiene confianza amplia en él mismo y sus acciones, va a actuar de forma rápida o impulsiva, porque conoce la acción que debe y puede poner en marcha. En este caso el impulso no se ve como algo negativo, sino como una repercusión de un acto inmediato o respuesta inmediata que crea una persona, debido a que confía en sí mismo y conoce cómo debe actuar ante una situación en específica.

La impulsividad desde una perspectiva psicológica puede ser analizada desde un punto de vista multidimensional. En ocasiones se torna difícil definir la impulsividad debido a que se considera un rasgo de personalidad específico, y refleja algunos aspectos de los comportamientos individuales al mismo tiempo. Esto significa que al ser un rasgo específico de la personalidad, podría ser visto de forma teórica como una característica que se manifiesta igual en todas las personas. Pero lo cierto es que se trata de un rasgo individual que se manifiesta de forma única y diferente en cada uno. Una definición general que proponen estos autores, es la de definir la impulsividad como la toma de decisiones con rapidez, sin que se planifique, falta de proactividad, previsión y conciencia para afrontar los distintos riesgos o situaciones que se presentan en la vida. De igual forma, se podría definir como la incapacidad para esperar, con una predisposición a actuar sin pensar o simplemente ser insensible a las probables consecuencias.

La impulsividad también puede tener rasgos positivos. Por ejemplo, cuando se trata de reflejos o acciones impulsivas y rápidas, que sin razonas demasiado aseguran que la persona pueda evitar algún peligro. Un ejemplo de esto es cómo las personas pueden evitar objetos en las carreteras, o huecos que podrían dañar su automóvil, o cuando se cae algo y la persona simplemente actúa de forma inmediata y trata de detener o amortiguar su caída. Estas acciones se consideran conductas impulsivas, que incluyen un poco de proactividad y previsión, también definidos como reflejos.

De igual forma, la impulsividad puede incluir comportamientos adaptativos y útiles en muchas situaciones complejas, debido a la necesidad de una respuesta rápida para evitar o prevenir un daño o impacto negativo a sí mismo. Por esta razón, se sugiere que la impulsividad incluye algunas características positivas como se ha venido demostrando, así como, por ejemplo, falta de planificación, falta de orientación al futuro, entre otras. La impulsividad puede conceptualizarse como disfuncional y funcional. La impulsividad disfuncional implicaría falta de autocontrol y acciones no planificadas. Mientras la impulsividad funcional se enfoca en una tendencia a tener búsqueda de emociones y sensaciones fuertes. La impulsividad funcional también representa la conducta espontánea, lo que fomenta la toma de decisiones rápidas, en casos específicos donde la persona tenga poco tiempo para tomar la misma.

La impulsividad también puede ser abordada desde tres perspectivas distintas. Para poder analizar la impulsividad se deben incluir perspectivas variadas como la cognitiva, conductual y caracterológica. En el caso de la caracterología, la impulsividad se relaciona con la toma de riesgos, la falta de planificación y la rápida toma de decisiones. Asimismo se maneja que el temperamento impulsivo del niño, podría estar asociado con el desarrollo futuro de trastornos de ansiedad en la edad adulta. En el caso de la perspectiva conductual mencionada, la impulsividad puede definirse como una amplia gama de acciones que están mal concebidas, expresadas prematuramente, excesivamente arriesgadas o inapropiadas para las situaciones y que a menudo tienen resultados indeseables. Se podría decir que se trata de una acción que retrasa la gratificación, como también lo contrario al autocontrol.

La impulsividad puede ser vista como un rasgo que cuando se les presenta una situación con variedad de posibles resultados, eligen recompensas inmediatas que son más pobres, en lugar de recompensas mejores, que tardarían más en realizarse y obtenerse. Esto es uno de los grandes problemas con la impulsividad. Debido a que muchas veces no se trata solamente de una acción inmediata, sin razonamiento, sino que aun cuando la persona tiene mejores opciones, con la única diferencia que tardarían más en presentarse, eligen opciones o resultados que realmente no llenan sus expectativas totalmente.

Hay estudios que han separado la impulsividad motora, entiéndase la conductual, de la cognitiva, que se refiere a las elecciones que toma la persona. La impulsividad motora se suele estudiar en animales y equivale a la falta de respuestas. Este tipo de impulsividad se ha medido con una variedad de instrumentos y tiene relación con alteraciones de la corteza prefrontal dorso lateral. Mientras que la impulsividad cognitiva, se considera la incapacidad de considerar las consecuencias de eventos inmediatos y futuros. En este caso esta acción retrasa la gratificación que podría recibir la persona.

A manera de ejemplo, se puede imaginar un individuo sin hogar con dos opciones. La primera el otorgarle una vivienda temporal gratuita, para que encuentre trabajo y en no menos de tres meses pueda rentar su propio espacio. Como también, se le podría ofrecer la opción de quedarse en un centro de alojo para personas sin hogar, otorgándole un trabajo de forma inmediata y una promesa del gobierno que al completar seis meses trabajando, se le otorgaría una vivienda con su propio título de propiedad. Ambas opciones sacan a la persona de la calle. Pero la lógica, es que la persona no analiza la situación de forma amplia y decide entonces la primera opción porque tendrá un espacio para él mismo, aunque a mediano plazo nunca podría tener una casa propia. Mientras que la segunda opción, que tardaría más en realizarse, sí le otorga este hogar permanente y propio. El individuo conoce la existencia de ambas opciones y elige la primera porque es incapaz de retrasar la gratificación esperada. La situación habría sido muy diferente si esta persona eligiera la segunda recompensa, pero por su incapacidad de evaluar cada recompensa de forma amplia no lo logró. Aun así, lo cierto es que él en ambas opciones sería impulsivo, pero el elemento de gratificación cambia la perspectiva sobre cuál es la opción impulsiva que la persona debería escoger.

La motivación también puede ser analizada desde una perspectiva psicosocial o biopsicosocial. Una definición general centrada en una perspectiva biopsicosocial de impulsividad debe incluir los siguientes aspectos: a) disminución de las sensibilidades a las consecuencias negativas; b) reacciones rápidas y no planificadas a los estímulos antes del procesamiento completo de la información; y c) falta de consideración por las consecuencias a largo plazo. También podrían incluir los elementos de: a) acción rápida sin previsión o juicio consciente, b) comportamiento sin pensamiento adecuado, y c) la tendencia a actuar con menos previsión que la mayoría de los individuos de igual capacidad y conocimiento. Son estos fundamentos los que han llevado a que la impulsividad sea definida por la Asociación Psiquiátrica Americana como la incapacidad de resistir un impulso, pulsión o tentación de realizar un acto perjudicial para la persona o para los demás.

Los impulsos conductuales se pueden analizar desde una perspectiva enfocada en la neurociencia. Los estudios psicopatológicos con sujetos humanos y animales han demostrado la participación de la serotonina y la dopamina en la impulsividad. Se han encontrado concentraciones bajas de ácido 5-hidroxindolacético en el líquido cefalorraquídeo en delincuentes impulsivos, individuos depresivos y suicidas. Los pacientes con trastorno de la personalidad mostraron rasgos de impulsividad similares a estos pacientes cuando realizan una tarea de toma de decisiones, lo que sugiere un posible vínculo entre la lesión cerebral y los rasgos de impulsividad. Esto es una noción muy importante, debido a que hasta el momento se ha propuesto la impulsividad como un elemento relacionado a la toma de decisiones de la persona. Algo que mentalmente le permitiría el razonamiento. Pero desde una perspectiva neurológica, las personas podrían ser impulsivas debido a que su cerebro no les permite razonar, retar opciones, o simplemente porque algún daño específico cerebral en funciones relacionadas está presente.

Al utilizar una tomografía por emisión de positrones, se ha podido identificar que los pacientes impulsivos-agresivos muestran respuestas metabólicas significativamente reducidas a un agente potenciador serotoninérgico en el área ventromedial de las cortezas prefrontales. Aunque los sujetos tenían diferentes diagnósticos, que mostraban conductas impulsivas y a veces, agresivas, esto estaba relacionado a niveles bajos de metabolización de la serotonina. Se destaca que aunque la violencia suele ir acompañada de impulsividad, esta no es una condición necesaria para la primera.

En esta misma línea de análisis, hay que agregar que cuando se crea un análisis sobre los factores neurológicos que pueden causar o impactar el comportamiento, como la impulsividad, las investigaciones son claves para poder comprender estas relaciones. En este caso, los estudios farmacológicos con animales sugieren que la serotonina cerebral juega un papel importante en el mantenimiento de la eficacia de los reforzadores positivos. Esto significa que cuando la serotonina se agota puede provocar un aumento del comportamiento impulsivo debido a un cambio en las capacidades mentales de la persona. El agotamiento de serotonina lleva a respuestas que retrasan la gratificación y prohíbe al individuo realizar discriminaciones precisas.

Trastornos disruptivos del control de los impulsos y la conducta

Dentro de la psicología se ha buscado definir y catalogar lo que son los distintos trastornos y condiciones mentales que padece el ser humano. Basado en esto se han definido las conductas impulsivas dentro de un grupo de trastornos que se conocen como los trastornos disruptivos, trastornos de control de impulsos y la conducta. Hablaremos más al respecto en los siguientes párrafos.

El cristiano y el control de impulsos

Los comportamientos disruptivos se presentan en un 6% al 9% de los niños y adolescentes, aunque principalmente se manifiesta en varones. A nivel etiológico se podría dividir las causas en biológicas y factores de riesgo en el medioambiente. A nivel biológico, existen unas causas muy comunes que pueden llevar a la persona a actuar de forma impulsiva. Una de estas es la dependencia al alcohol, que como bien se sabe es uno de los grandes problemas sociales, debido a que el alcohol ha sido comercializado e impuesto como parte de la moda y normas sociales en algunos círculos. Aun así, la dependencia al alcohol, lleva a la persona a actuar sin pensar racionalmente. Un segundo elemento, es el trastorno de personalidad antisocial, donde la persona simplemente no se siente a gusto en lugares donde se encuentran muchas personas, llevándolo a recluirse y a limitar no solo su interacción con otros, sino a evitar estos contactos.

En tercer lugar está el déficit de atención y la hiperactividad, ambos trastornos llevan a la persona a vivir en un estado de hiperactividad que no les permite concentrarse de forma adecuada en lo que hacen o en lo que quieren hacer. De este modo, el individuo no tiene la capacidad de poder tomar una decisión acertada, sino que es impulsivo, presenta su respuesta a un acto, sin importar las repercusiones, ya que no fueron pensadas de antemano.

En cuarto lugar se encuentra el desorden de conducta, donde la persona no tiene un control sobre su manera de actuar, aun cuando se modela o ejemplifica. Este no tiene una capacidad mental o biológica para poder discernir cuál es la conducta apropiada para cada situación. De esta forma, actúa por impulso, poniendo en función, muchas veces las conductas desviadas que no van a la par con lo necesario en la situación presentada.

Por último, a nivel biológico está el trastorno de esquizofrenia, uno que se ha hecho muy popular en los últimos años. Este trastorno lleva a la persona a padecer de muchos elementos, como lo es ver cosas que no son reales, sentir que vive en un constante estado de persecución, creer que existe algún complot en su contra, inventan personas imaginarias o viven en paranoia constante. La esquizofrenia es un trastorno biológico cerebral y hay que destacar el hecho de que el propio cerebro incapacita a la persona a tomar las decisiones adecuadas, por ende, incurriendo en tomar decisiones impulsivas, apresuradas y erróneas.

Los factores más preocupantes y estudiados se deben analizar de forma adecuada. Son los factores de riesgo que están relacionados al medioambiente. El cristiano nace y se cría dentro de un panorama lleno de dogmas, creencias y fe específica en Jesucristo. Su medioambiente ha sido condicionado de forma tal, que el ejemplo a seguir se fundamenta en Jesús y en las enseñanzas de la Biblia. Pero el contacto con la sociedad, la variedad de pensamientos y la forma en que el cristiano tiende a retar estas bases de fe, los llevan a permitir que factores ambientales sean vistos como factores de riesgo. Uno de los factores de riesgo es el rechazo de los padres. Cuando estos no tienen una buena relación con sus hijos, los niegan o se alejan de ellos, puede causar trastornos mentales, llevando al individuo a actuar de forma disruptiva. Esto se debe a que la persona no tiene un conocimiento y control de sus acciones, porque no tuvo un ejemplo a seguir de una conducta paternal o maternal, que les sirviera para este propósito.

Un segundo factor de riesgo es el de una disciplina dura. Aquellos padres que crían a sus hijos con demasiada firmeza, con una disciplina muy fuerte, puede llevarlos a imponer ese mismo tipo de disciplina en sus acciones, o a desviarse de un comportamiento adecuado y aceptado, debido a su constante lucha contra la imposición de esta disciplina por parte de sus padres. Podría darse el caso en el cual el niño, solo por llevar la contraria, sea impulsivo en sus actos y actúe de forma tal que sea contrario a la disciplina impuesta. De forma general, esta disciplina busca que la persona adopte un tipo de conducta adecuada y permisible en la sociedad. Pero al niño se le debe otorgar espacio para que analice, experimente y pruebe las repercusiones de sus acciones. Al cerrarse esa oportunidad y el niño reconocer que se trata de algo impuesto, lo lleva a conductas disruptivas impulsivas.

Uno de los fenómenos que pueden llevar al individuo a presentar conductas disruptivas, es el de una crianza inconsistente o la crianza de múltiples personas en el hogar. El niño que se encuentra en desarrollo busca adoptar conductas y reconocer todo lo que es aceptable o no de su entorno, de sus interacciones con las personas que viven en él y de la manera en que estas sirven de ejemplo para ellos. Pero en ocasiones, los padres simplemente son inconsistentes. Un día enseñan algo como una norma, otro día regañan al niño por esa conducta que les enseñaron, o simplemente están por largo tiempo al lado del niño siendo un ejemplo adecuado, pero luego abandonan el hogar.

Este tipo de crianza se ha identificado como un factor de riesgo para que manifieste lo que es la conducta disruptiva en las personas. Dentro de esta modalidad de crianza se debe integrar también el caso de las familias donde hay más de una persona criando al niño. Puede ser mamá y papá, tíos, abuelos, o personas que no son de la misma familia pero son cercanos y por eso participan. Cada uno con una visión distinta, una creencia distinta, un modo de ver al mundo de forma particular. De esta manera, cada uno le presenta al niño una forma específica de actuar o de responder a cada una de las situaciones de vida que se le presentan. Por lo cual, el niño, en su corta experiencia de vida, vivirá una carga de conductas sin tener la capacidad de discernir cuál es la adecuada, las pondrá todas en acción, las negará todas, o quizás formalice conductas disruptivas e impulsivas, porque realmente no sabe cuál es la conducta apropiada, simplemente las asume y las adopta pensando que son las que debe hacer según su propia norma, se pueden dar de manera contradictoria o un propio código que deduzca de la mezcla de todas.

Un elemento que se manifiesta como un factor de riesgo de las conductas disruptivas impulsivas, desde una perspectiva psicológica, es la poca supervisión del niño a través de su desarrollo cognitivo y del desarrollo de su personalidad. Dos aspectos que forman las bases mismas de la conducta humana. Se ha analizado por mucho tiempo cuál debe ser la crianza o forma de educar a un niño correcta y adecuadamente. Aunque no hay una forma específica de educar o de presentar las bases mismas necesarias para que un niño actúe o adopte la conducta correcta, sino que se trata de un sinnúmero de elementos, donde la interacción y la supervisión del niño es necesaria en todo momento. En cierto modo, es adecuado otorgar un poco de libertad y espacio para que el niño pueda interactuar, investigar, describir y diseñar sus propios conocimientos, destrezas y experiencias.

Entre los factores de riesgo del medioambiente se pueden mencionar tres que mantienen una relación en cuanto al estatus de los padres del niño, se trata del tamaño de la familia, de la crianza de un solo padre y de problemas maritales en el hogar. El estado o relación que tengan los padres es esencial para que el niño se críe de forma tal que pueda absorber una serie de conductas adecuadas, que no lo lleven a conductas disruptivas impulsivas. La afinidad de los padres del niño es un factor de riesgo para que se formalicen conductas disruptivas impulsivas, debido a que muchas veces estos conflictos quitan gran parte del tiempo que debería dedicarse a lo que es la crianza de los niños. No se trata de que las familias y sus relaciones sean perfectas, sino que haya un ambiente de respeto en el hogar, se trata de que los padres aseguren que estos conflictos no lleven a que el niño se sienta solo, se sienta desplazado o menos importante, sobre todo que estos conflictos no le otorguen ejemplos inadecuados o desviados, que podrían adoptarse como normas de conducta que repitan en otros entornos.

Entre estos conflictos se encuentran los problemas maritales. Se trata de una variedad amplia, pero podrían ser los divorcios, que exista adulterio o abusos entre las parejas, violencia, entre otros. Todos estos elementos crean un clima erróneo de crianza, donde el niño, quieran o no, seguirá observando y adoptando conductas de su medioambiente, independientemente si son adecuadas, si son aceptadas por la sociedad o si son las mejores que se deben o pueden poner en acción. El niño es como una esponja que aceptará y adoptará todo lo que vea, porque no tiene la capacidad mental para poder discernir lo que es bueno o malo, mejor o peor para su vida.

Otro factor de riesgo relacionado es el de las familias que tienen un grupo muy grande. Esto no significa que estas familias no puedan o deban criar a sus hijos, o que lo hagan mejor o peor que otras, sino que estas familias, al ser grupos grandes de personas viviendo en un mismo lugar, podrían llevar a los padres a minimizar el contacto real que necesita el niño. Ya que deben otorgar espacio igual a todos sus hijos y al ser muchos, el tiempo para cada uno es más limitado. Mientras exista o se minimice el tiempo de contacto de crianza, enfocado en lo que es su educación, el niño seguirá obteniendo solo interacciones superficiales que no le permiten discernir entre una conducta adecuada o permisible, de una conducta disruptiva impulsiva.

Entre los factores de riesgo de las conductas

disruptivas impulsivas, también se encuentra el del impacto emocional que crea el abuso físico, psicológico o sexual a los niños. Lamentablemente, el abuso a los niños es algo que se está manifestando a nivel mundial de variadas formas. Aunque existan leyes que hacen esto punitivo, se sigue manifestando e impactando de forma negativa a estos niños. El gran problema es que este tipo de abuso crea trastornos mentales que afectan, no solo la conducta, sino la manera de aceptar y comprender al mundo que lo rodea. Algunos niños tienden a crear negación, y pensar que este tipo de acciones son normales, siendo parte de las mismas y quizás promoviéndolas en sus propias acciones futuras. Otros simplemente se ven sumisos ante una entidad de mayor poder, quien los obliga a este tipo de actos. En ambos casos, la poca capacidad mental del niño, que se encuentra en el proceso de desarrollo de su personalidad y conducta, se ve completamente afectada. A corto plazo los lleva en ocasiones a recluirse, minimizar el contacto social, a ver el mundo de una forma no adecuada, donde se ven a sí mismos castigados o impuestos a una serie de situaciones de las cuales no pueden escapar. Pero claramente los llevan a no comprender cuáles son las conductas correctas que se deben aceptar y promover en la sociedad. Ya que este abuso desviado se les presenta como una norma, estos niños desconocen cómo discernir entre si se trata de una conducta que deban adoptar o negar. Esto los puede llevar a presentar conductas disruptivas, impulsivas, ya que las respuestas que ponen en función en sus acciones, se limitan a estos ejemplos de vida que han padecido.

La pobreza es uno de los grandes determinantes y factores de riego que pueden desencadenar las conductas disruptivas impulsivas. Es un problema social, o un elemento de riesgo social que se impone en las distintas facetas de vida y de desarrollo de una persona. La pobreza puede limitar el acceso a un estado de vida adecuado, a tener recursos básicos como agua potable, electricidad y un techo donde vivir. De esta manera, se impone al niño un tipo de doctrina y de vida que está condicionado a lo que este estado de pobreza les permite, y no a un elemento social más amplio sobre las conductas permisibles y aceptadas socialmente.

Dentro de estos factores de riesgo que dan apoyo a las conductas disruptivas impulsivas, también se debe reconocer la exposición a la violencia. Esto hay que verlo desde una perspectiva amplia y abarcadora. Se trata de reconocer que esta exposición se puede dar en dos modalidades distintas. La primera sería en la forma en que en el mismo hogar manifieste violencia entre las interacciones de los padres o entre ellos como familia. Llevando la violencia a ser un elemento que a la larga pueda ser visto como una norma. El problema es que de esta misma manera lo adopta el niño y así lo pone en función a través de su vida. Lo que lleva en muchos casos a que en la sociedad haya jóvenes y adultos que practican y actúan con violencia, sin realmente reconocer que se trata de una conducta desviada, o disruptiva impulsiva, la ven como algo que se le enseñó que era aceptado en el entorno familiar, por tanto, debería serlo en la sociedad.

La segunda modalidad por la cual se analiza la exposición de la violencia, es cuando se vive en un espacio o comunidad que simplemente está lleno de violencia. Puede ser el caso de personas que viven en zonas pobres, suburbios o en comunidades donde la violencia, drogadicción, criminalidad, entre otros, se manifiestan de forma continua y marcada. En estos lugares la propia comunidad fomenta la criminalidad y violencia. Por tanto, el niño lo ve como algo que puede ser parte de su vida diaria. Por esto es que en ocasiones los niños observan y adoptan líderes en la comunidad de forma errónea. Por ejemplo, ven al narcotraficante como una persona que gana mucho dinero y se puede dar una buena vida, obviando la violencia y peligrosidad de su propia existencia, así como la alta probabilidad de su fin con misma violencia. Adoptan estos líderes como posibles formas de vida y replican estas conductas disruptivas impulsivas, dentro de este entorno violento, no solo como una norma, sino como un posible tipo de vida a seguir. Los entornos violentos desvitalizan totalmente la verdad y la manera en que debería funcionar una sociedad, y les permite ver a los niños una vida ilusoria fundamentada en supuestos erróneos, que a la larga adoptan y promueven a través de sus acciones.

Dentro del diagnóstico de conducta disruptiva, control de impulsos y desórdenes de conductas, se deben analizar los seis trastornos que incluye. Un primer diagnóstico es el de Trastorno de Oposición Desafiante. Actualmente, existen dos categorías de síntomas principales que se utilizan para diagnosticar este trastorno: los problemas de conducta externalizados y las emociones negativas. Este trastorno se incluyó por primera vez en el DSM-III en 1980, y en ese momento requería al menos dos de los siguientes comportamientos: violaciones menores de las reglas, rabietas, argumentación, comportamiento provocativo y / o terquedad. El examen empírico de estos problemas ha llevado a una descripción ampliada de los síntomas que incluyen: a) discutir con figuras de autoridad o adultos, b) desafiar activamente o negarse a cumplir con las reglas / solicitudes de las figuras de autoridad, c) molestar deliberadamente a otros, d) culpar a los demás por sus propios errores o malas conductas, e) propenso a ser susceptible, irritable o molesto con facilidad, f) perder los estribos con facilidad, g) estar a menudo enojado y resentido, y h) ha sido rencoroso o vengativo en al menos dos veces en los últimos seis meses. Es necesario destacar que los trastornos de conducta disruptiva como Trastorno de Oposición Desafiante se consideran las afecciones psiquiátricas infantiles más prevalentes que necesitan servicios psicológicos y la prevalencia informada en los estudios clínicos varía ampliamente 1% a 11%.

La estructura consiste en sesiones de terapia semanales de 60 minutos, en las que el terapeuta, generalmente detrás de un espejo unidireccional, instruye a los padres sobre el uso de habilidades con su hijo. Otra intervención es la de capacitación en habilidades para la resolución de problemas, la cual utiliza la reestructuración cognitiva y las habilidades para la resolución de problemas, ayudando al individuo a enfrentar las dificultades interpersonales. También está el entrenamiento para el Control de la Ira, que se trata de una intervención grupal basada en la escuela que tiene como objetivo fijarse en el comportamiento negativo, desafiante y hostil hacia las figuras de autoridad. Como se puede observar, este tratamiento busca asegurar que el niño, joven y adulto logre un autocontrol adecuado de sus impulsos; reconociendo que son algo negativo, pero a la vez manejable y moldeable para asegurar mejores interacciones humanas.

Un segundo trastorno dentro de este diagnóstico es el trastorno explosivo intermitente. Este se ha categorizado en trastornos disruptivos, de control de impulsos y de conducta en el DSM-5. Estos son trastornos que involucran comportamientos que violan los derechos de los demás, causan un conflicto significativo con figuras de autoridad y a menudo con la sociedad en general. El trastorno explosivo intermitente, en particular, implica una agresión verbal y física impulsiva que parece desproporcionada con el estímulo que la desencadenó. Si no se trata, las personas con este trastorno pueden tener consecuencias sociales, escolares, laborales, financieras y legales negativas. El trastorno explosivo intermitente generalmente ocurre al final de la niñez o en la adolescencia temprana, y en ocasiones después de los cuarenta años. Es más común en personas de 35 a 40 años o menos y en personas con educación secundaria o menor. Uno de los problemas con este trastorno, es que cuando se le diagnostica a alguien, las posibilidades de que le diagnostiquen otro trastorno de salud mental es casi del 82%. Los trastornos que se diagnostican de forma paralela son la depresión, el trastorno bipolar, los trastornos por consumo de sustancias, los trastornos de ansiedad, el trastorno por déficit de atención con hiperactividad y los trastornos de la personalidad. Pero el trastorno explosivo intermitente es diagnosticado antes que los demás.

Para su diagnóstico, según el DSM-5, hay dos patrones de conductas agresivas: aquellos de baja intensidad y alta frecuencia; como también aquellos de alta intensidad / baja frecuencia. También se ha encontrado que la lesión cerebral traumática se asocia con un mayor riesgo de desarrollar el trastorno explosivo intermitente. En cuanto al tratamiento, hay que señalar que existen dos enfoques básicos: medicación y terapia cognitivo-conductual. Hay que decir que es más efectivo cuando se usan juntos que por separado, y destacan que el objetivo del tratamiento es la reducción de los síntomas de modo que la persona solo muestre uno o dos síntomas leves y que logre controlar sus impulsos.

El tercer trastorno dentro de este diagnóstico es el de desorden de conducta. El DSM-5 define este trastorno como un patrón de comportamiento repetitivo y persistente, donde se violan los derechos básicos de los demás o las principales normas o reglas sociales apropiadas para la edad. A través del DSM-5 se otorgan 15 criterios, de los cuales al menos tres de ellos deben manifestarse en un tiempo de 12 meses de forma recurrente, o un criterio en un término de seis meses. Se trata de conductas disruptivas y comportamientos impulsivos tales como la agresión a personas, a animales, destrucción de propiedad, robo, violaciones a las normas o reglas, entre otros. La prevalencia de este diagnóstico es de 2% mínimo hasta un 10% máximo en la población mundial. Algunos factores de riesgo que se deben tomar en consideración son el temperamento de las personas, el medioambiente, aspectos genéticos y cualquier modificador presente a través de la vida del individuo.

Entre los trastornos de este diagnóstico se encuentran unos que son menos recurrentes como lo es el trastorno de piromanía. Para algunas personas, la fascinación por el fuego se desvía de ser algo saludable a una obsesión que no es sana. En ocasiones, algunas personas susceptibles pueden sufrir una acumulación de tensión que solo puede aliviarse mediante el encendido deliberado de un fuego, y se ha establecido que ese ciclo de comportamiento representa un trastorno mental, que se ha denominado piromanía. El término fue utilizado por primera vez en 1833 y se derivó del término monomanía del siglo XIX, que describía un tipo de locura caracterizada por actos impulsivos sin motivo. De forma contemporánea, el DSM-5 define que la piromanía incluye varios criterios, algunos de ellos son: a) Encendido deliberado de fuego en más de una ocasión; b) Tensión o excitación afectiva antes del acto; y c) Fascinación, interés, curiosidad o atracción por el fuego y sus contextos situacionales. La prevalencia de este diagnóstico se fundamenta en 1.3% de la población. El tratamiento se enfoca de forma esencial en terapias psicológicas.

Otro trastorno que es raro dentro de este diagnóstico, es el de la cleptomanía, que es la incapacidad de abstenerse de la necesidad de robar artículos, y se realiza por razones distintas al beneficio económico personal. Es un tipo de trastorno del control impulsivo. Son afecciones psiquiátricas comunes, donde las personas afectadas generalmente manifiestan un deterioro significativo en las funciones sociales y ocupacionales. De igual forma, pueden incurrir en dificultades legales y financieras. El tratamiento se fundamenta en el uso de terapias conductuales, psicoterapéuticas y farmacológicas. Se utilizan también inhibidores selectivos de la serotonina, antidepresivos tricíclicos y antagonistas opioides. Dentro de la terapia conductual se incluye psicoterapia, sensibilización encubierta, terapia de aversión, afrontamiento y apoyo, autoeducación y tratamiento de otros trastornos del estado de ánimo. Como se puede ver, la impulsividad en este caso se subraya en el acto de la cleptomanía, sin mediar razonamiento alguno.

Como se ha podido destacar en esta sección, el diagnóstico que propone la Asociación Americana de Psicología sobre lo que es la impulsividad, se recoge en al menos seis trastornos o desórdenes dentro de un mismo diagnóstico. Cada uno con sus características únicas, población que afecta de forma sin igual, pero claramente todas impulsadas a minimizar la manifestación de conductas disruptivas impulsivas. Se reconoce que la impulsividad es algo negativo, moldeable y que debe ser minimizado en cuanto a la manera en que se manifiesta en los actos y acciones humanas, debido a que sus repercusiones son graves, llevan al ser humano a hacerse daño a sí mismo o a otras personas, a tomar decisiones erróneas, o a afectar de forma negativa sus interacciones con los que tiene alrededor.

El comportamiento del cristiano y sus repercusiones desde el punto de vista bíblico

La Biblia es un vivo ejemplo sobre la historia divina y la historia de Jesús. El Salvador de la humanidad y el ejemplo a seguir de todos los cristianos. Pero de igual forma, en la historia de Jesús hay una serie de anécdotas y explicaciones sobre cómo debe ser el comportamiento de las personas, cómo deben hablar, actuar y comunicarse, ante unas normativas que ya Dios ha hecho palpables en su historia. Un ejemplo de estos se encuentra en los Proverbios. El cristiano debe ser un ejemplo vivo del verbo de las acciones de Jesucristo, y esto incluye la forma en que el cristiano debe hablar ante y hacia las demás personas.

La muerte y la vida están en poder de la lengua, y el que la ama comerá de sus frutos. (Proverbios 18:21)

La lengua es vista en la Biblia, en este caso el órgano físico, como un ejemplo de lo que el individuo habla o comunica. La lengua es vista como algo que tiene poder, porque se trata del propio mensaje que se transmite a través de esta de una persona a otra. Un mensaje que puede ser de paz, amor y caridad. Como también un mensaje de odio, desprecio o crítica negativa. Es por eso que se busca que el cristiano adopte una comunicación fundamentada en la ética y moral de Cristo, una comunicación que le otorgue los frutos esperados. En este caso, una comunicación de un mensaje adecuado, lleva a la persona a poder crear buenas relaciones con otros, a transmitir el mensaje positivo de la vida de Cristo, o a simplemente ser aceptado ante los demás. El contenido de la comunicación en la forma de hablar de un cristiano también es esencial.

El que guarda su boca guarda su alma; mas el que mucho abre sus labios tendrá calamidad. (Proverbios 13:3)

Nuevamente se hace hincapié a la causa y efecto de lo que se habla y cómo se habla. Se trata del mensaje que contiene cada palabra, frase y oración del cristiano. Un mensaje que debe ser uno que no cree conflictos, que no sea obsceno, que no vaya en contra de las normativas de Dios, que no promueva la guerra o la discordia. En ocasiones es mejor callar a dejar salir todo lo que se piensa a través de la boca y causa estragos o heridas emocionales.

La lengua apacible es árbol de vida; mas la perversidad de ella es quebrantamiento de espíritu. (Proverbios 15:4)

La vida del ser humano está sujeta a las interacciones humanas. Todo lo que dice o menciona tiene una repercusión. Gran parte de las enseñanzas de Jesucristo fueron enfocadas en mantener un control de las acciones, comportamientos, deseos. Todo aquello que vaya en contra de Dios y las normas que este nos ha presentado, depende grandemente del control que se tenga en lo que dice la persona y cómo lo dice.

Aun el necio, cuando calla, es contado por sabio; el que cierra sus labios es entendido. (Proverbios 17:28)

Decir más o conocer más no es algo que es paralelo. El que habla mucho no es más sabio que el que calla, porque el que es sabio evalúa de forma continua todo lo que va a decir. Evalúa las situaciones, los problemas y decide siempre la mejor opción. Una opción basada en las enseñanzas de Jesucristo, donde para empezar no se haga daño al prójimo, y tampoco le haga daño a la propia persona. Es necesario destacar que en este caso el callar es ser sabio, porque al callar minimiza las oportunidades de que se manifieste una repercusión negativa. Una que pueda crear conflictos o discordias entre quienes lo rodean.

En las muchas palabras no falta pecado; mas el que refrena sus labios es prudente. (Proverbios 10:19)

Este es otro ejemplo que sobresale el hecho de que el cristiano no tiene que estar todo el tiempo hablando. El cristiano debe pensar lo que dice para que tenga una respuesta acertada ante una situación que lo amerite.

El hombre se alegra con la respuesta de su boca; y la palabra a su tiempo, ¡cuán buena es! (Proverbios 15:23)

Una situación oportuna para el cristiano es una oportunidad donde pueda hacer el bien a los demás. Todas esas situaciones en las que desinteresadamente da un consejo, provee un ejemplo u otorga palabra de vida a través de la propia palabra que se aprende de la Biblia. Por tanto, no se trata de tener una respuesta para todas las situaciones, sino de otorgar las respuestas adecuadas cuando sea necesario, y a quien se le haga necesario. Esto se debe a que no siempre las personas aceptan de forma positiva lo que se les dice, en ocasiones pueden pensar que el mensaje tiene algún tipo de impacto negativo escondido, una crítica no constructiva, o simplemente piensa que no es asunto de otro el entregarle ese consejo o mensaje.

La blanda respuesta quita la ira; mas la palabra áspera

hace subir el furor. (Proverbios 15:1)

Dentro de la manera en que el cristiano debe hablar, hay que reconocer que la conducta y la amabilidad van de la mano. No es lo mismo dar una crítica donde se denigren las acciones o se critiquen de forma negativa, que decirlo de forma amable creando un diálogo donde se establezca el problema sin insultar ni despreciar, tratando lo que se ha hecho hasta el momento y lo que se podría hacer para solucionarlo. El cristiano es cauteloso y amable con lo que dice, porque reconoce que Dios tiene un plan divino para todo, y aunque todas las personas son parte de él, en ocasiones se debe dejar que sea Dios el que se manifieste y no la lengua humana.

Dentro de la impulsividad del ser humano, se pueden mencionar también los chismes como un modo de actuar de forma impulsiva, donde se actúa sin pensar en las repercusiones de lo que se dice.

El que anda en chismes descubre el secreto; mas el de espíritu fiel lo guarda todo. (Proverbios 11:13)

La lengua, la forma en que el cristiano se comunica debe enfocarse en lo que es la confianza. No porque un cristiano sepa algo debe divulgarlo, y mucho menos cuando eso que sabe es algo que si se revela, podría hacer daño a un tercero. Pero la impulsividad lleva al cristiano a actuar de esa manera, porque no piensa en las repercusiones de sus actos y simplemente toma la primera decisión que le viene a la mente. Por eso el cristiano, además de cauteloso y cuidadoso, debe limitar su lengua a una comunicación afectiva, positiva y llena de consejos fundamentados en la vida de Cristo.

Los pensamientos son frustrados donde no hay consejo; mas en la multitud de consejeros se afirman. (Proverbios 15:22)

Esto podría parecer contradictorio, ya que anteriormente en Proverbios se menciona como el hablar mucho no siempre es visto como una acción positiva. Pero en este caso se refiere al hecho de que el cristiano conoce la Palabra de Dios y la vida de Cristo, entonces puede hacer uso de este conocimiento para otorgar consejos adecuados a otros. Es necesario destacar que se trata de consejos fundamentados en Jesús, en las normativas de Dios, en ética y moral. No tiene que ver con consejos fundamentados en la experiencia mundana, que claramente se aleja de lo que Dios quiere de su creación.

La impulsividad y la necesidad de que el ser humano actúe conforme a lo que Dios quiere de ellos se puede analizar de igual forma en el libro de los Hechos, en la historia del día de Pentecostés.

El cristiano y el control de impulsos

Cuando llegó el día de Pentecostés, estaban todos unánimes juntos. Y de repente vino del cielo un estruendo como de un viento recio que soplaba, el cual llenó toda la casa donde estaban sentados; y se les aparecieron lenguas repartidas, como de fuego, asentándose sobre cada uno de ellos. Y fueron todos llenos del Espíritu Santo, y comenzaron a hablar en otras lenguas, según el Espíritu les daba que hablasen. (Hechos 2:1-4)

El Espíritu Santo se había manifestado sobre los judíos, haciéndoles hablar en lenguas. La impulsividad de muchos cristianos los llevó a emitir juicios a aquellos, diciendo que se trataba de personas que estaban ebrias. Fue Pedro quien tuvo que tomar liderazgo y explicar a todos que se trataba de la propia manifestación del Espíritu Santo y de lo que Dios estaba cumpliendo en ellos.

Entonces Pedro, poniéndose en pie con los once, alzó la voz y les habló diciendo: Varones judíos, y todos los que habitáis en Jerusalén, esto os sea notorio, y oíd mis palabras. Porque estos no están ebrios, como vosotros suponéis, puesto que es la hora tercera del día. (Hechos 2:14, 15)

Pedro explicó y reprimió a aquellos impulsivos que a la ligera cuestionaban las acciones de Dios sobre su pueblo.

Y sobrevino temor a toda persona; y muchas maravillas y señales eran hechas por los apóstoles. Todos los que

> *habían creído estaban juntos, y tenían en común todas las cosas; y vendían sus propiedades y sus bienes, y lo repartían a todos según la necesidad de cada uno. Y perseverando unánimes cada día en el templo, y partiendo el pan en las casas, comían juntos con alegría y sencillez de corazón, alabando a Dios, y teniendo favor con todo el pueblo. Y el Señor añadía cada día a la iglesia los que habían de ser salvos.(Hechos 2:43-47)*

La conducta que se espera del cristiano no es una impulsiva, sino enfocada en las enseñanzas de Cristo. Por esto, en Hechos 2:43-47 sobresalta la conducta de convivencia, el compartir, ser parte de las actividades del templo, ser sencillos de corazón y vida social. De esta manera, Dios bendice a aquellos que dejaban a un lado la impulsividad y promovían a través de sus acciones las enseñanzas otorgadas a través de su Hijo.

Jesús mismo dio cátedra de cómo debe ser el comportamiento de aquellos que son fieles a Dios a través de cómo reprimió a Pedro cuando cortó la oreja de un soldado.

> *Pero Jesús, sabiendo todas las cosas que le habían de sobrevenir, se adelantó y les dijo: ¿A quién buscáis? Le respondieron: A Jesús nazareno. Jesús les dijo: Yo soy. Y estaba también con ellos Judas, el que le entregaba. Cuando les dijo: Yo soy, retrocedieron, y cayeron a tierra. Volvió, pues, a preguntarles: ¿A quién buscáis? Y ellos dijeron: A Jesús nazareno. Respondió Jesús: Os he dicho que yo soy; pues si me buscáis a mí, dejad ir a estos; para*

que se cumpliese aquello que había dicho: De los que me diste, no perdí ninguno. Entonces Simón Pedro, que tenía una espada, la desenvainó, e hirió al siervo del sumo sacerdote, y le cortó la oreja derecha. Y el siervo se llamaba Malco. Jesús entonces dijo a Pedro: Mete tu espada en la vaina; la copa que el Padre me ha dado, ¿no la he de beber? (Juan 18:4-11)

Se trataba del momento en que Jesús sería entregado a los romanos, cuando Judas lo vendía, el momento en que se comenzaba a manifestar la profecía del final de la vida terrenal de Jesús y el comienzo de Jesucristo el Salvador de la humanidad. En ese momento Jesús estaba con sus discípulos, personas que lo amaban como un hermano, que habían dejado todo para seguirlo a Él. Es por eso que la impulsividad de Pedro lo llevó a desenvainar su espada y atacar a uno de los guardias, dejando claro que este lucharía por Jesús para que no fuera entregado. Pero Jesús tomó las riendas de la situación y detuvo todo diciéndole a Pedro que guardara su espada, que su propio acto, impulsivo, iba en contra de la voluntad de Dios. Una voluntad que Jesús como hombre había aceptado y que Jesús como Hijo de Dios la llevaba con orgullo, porque Él sabía que su muerte era necesaria para la salvación de la humanidad. Pedro guardó su espada y siguió las indicaciones de su maestro.

Esta historia era importante colocarla aquí, ya que se

trata de la propia vida de Jesús. La impulsividad en ocasiones lleva a las personas a defender a otros. Por eso el cristiano podría pensar que ciertos actos impulsivos, que lo llevan a proteger y cuidar de su creencia y fe, como de su congregación, son aceptados por Dios. Pero lo cierto es que lo que Dios busca a través de su Hijo, entre muchas otras cosas, es que conductas como la impulsividad no se manifiesten y que el cristiano sea un ejemplo real de lo que Jesús hizo en vida. De esta manera, el cristiano en ocasiones tendrá que sufrir o pasarla difícil, porque el plan de Dios es uno más grande que le otorgará unos frutos posteriores.

Persecución y bombardeo por la sociedad hacia el cristiano y las enseñanzas de Jesús

La persecución a los cristianos no es algo que se limitó a los primeros siglos de la existencia de la cristiandad, es algo que aún sucede. Algunas estadísticas del año 2017 destacan cómo se podrían contabilizar al menos 3,066 muertos cristianos ese año, debido a que fueron enjuiciados o asesinados por su fe. De igual forma, cientos de iglesias y templos son quemados o destruidos anualmente. Aunque mundialmente la mayoría de los países han aceptado y promulgado una libertad de religión a través de sus leyes, existen al menos 144 países donde esto se está violando de forma continua. Los países donde más se está persiguiendo a los cristianos son Sri Lanka, Corea del Norte, India, Pakistán, Nigeria, Afganistán y el continente de Asia. Esta persecución se fundamenta en que a los cristianos ser minorías y sus enseñanzas ir en contra de lo que presentan las creencias de la mayoría, se da ese odio y rechazo. Estos ven a los cristianos como un peligro para su creencia, y toman en sus manos formas inadecuadas, hostiles y de violencia para así erradicarlos. Asesinan creyentes y destruyen los lugares donde se lleva el mensaje de Dios al mundo. La misión principal que dejó Jesucristo a través de su vida fue la de evangelizar. Esta persecución claramente hace que esta encomienda no se pueda realizar de forma adecuada, porque pone en peligro a los cristianos, quienes por su fe, siguen evangelizando, aun cuando sus vidas están en peligro.

Ahora bien, la persecución del cristiano no se ve solamente a través de estos impactos físicos o donde se pone en peligro la vida de los creyentes solo por su fe, sino por un constante bombardeo en contra de la moral ética y fundamentos de la fe cristiana. Hay unos elementos sociales que bombardean la fe cristiana y la propia existencia de esta fe en el mundo. Uno de ellos es el hecho de la globalización y los avances tecnológicos. Mientras por un lado estas herramientas de información y comunicación han fomentado la evangelización y dado paso a que otras personas en distintos lugares del mundo puedan recibir el mensaje de Dios y la enseñanza a través de la Biblia, lo cierto es que de igual forma han permitido que se propague ese odio hacia el cristianismo, hacia la restricción de libertad religiosa y hacia ese odio a la Iglesia, que quizás en el pasado cometió muchos errores y que son enjuiciados todavía. Esto se ve mucho en la iglesia católica romana, a quien se le atribuyen abusos a nivel histórico mundial, como por ejemplo las Cruzadas. Como también, la manera en que en la actualidad tanto las iglesias católicas o las protestantes son vistas como una especie de negocio donde se maneja dinero para enriquecer a algunos. Aquí no se busca enjuiciar estos actos, sino exponer la realidad de lo que sucede en la sociedad y cómo estos elementos llevan a muchas personas a enjuiciar a todas las congregaciones e iglesias como igual, para de esta manera fomentar un odio donde este tipo de comportamiento y conductas se propaguen.

El bombardeo hacia los cristianos va a la par también con lo que es el libertinaje mundial y cómo la sociedad cada vez se aleja más de los aspectos morales y éticos. La Iglesia se ve como un lugar de antaño, donde se promueven nociones que no van a la par con la sociedad actual. Por ello se critica que la vestimenta de las personas en la Iglesia no va a la moda del mundo, asimismo se critica que las personas dentro de estas congregaciones viven en burbujas que se alejan y se dispersan de lo que es el mundo real. Sin duda en este asunto hay ciertos aspectos que se deben tomar en consideración como una crítica a la misma Iglesia y a los cristianos.

Otro tipo de bombardeo que claramente se manifiesta en la sociedad, es la propia división del Estado y la Iglesia. Esta división en cierta manera se dio para bien. Debido a que el poder de la Iglesia no es la de administrar los bienes humanos, sino la de administrar la Palabra de Dios en el mundo, esta división fue promulgada por muchos ideales liberales, que claramente sentaron una noción de odio hacia la Iglesia. Se ve al cristiano como un conservador de izquierda o un conservador extremista, cuando la realidad es que hay una sola doctrina cristiana, pero hay cientos de denominaciones cristianas que practican y promulgan la Palabra de Dios de una manera muy propia y específica. Pero aun para la sociedad, existe ese pensamiento limitado de que la Iglesia es una entidad que va en contra de los intereses del pueblo, cuando la realidad es que el cristiano es parte del pueblo, incluso, se supone que todo el pueblo sea cristiano, o al menos esa es la misión.

La conducta de Jesús y su misión

La conducta que se espera del cristiano se fundamenta en la propia misión de Jesús en el mundo. Dios buscó, entre otras cosas, crear un ejemplo sobre la conducta, que en lo que nos compete en este libro, se enfoca en la impulsividad a través de las enseñanzas que su Hijo desarrolló.

> *También el Padre que me envió ha dado testimonio de mí. Nunca habéis oído su voz, ni habéis visto su aspecto, ni tenéis su palabra morando en vosotros; porque a quien él envió, vosotros no creéis. (Juan 5:37, 38)*

La conducta humana, la bendición de Dios y lo que Dios quiere de la humanidad, se manifiestan en aquellos que aceptan a Jesús como su Salvador. Conocer la vida de Jesús, sus hazañas, sus acciones, es la manera básica y necesaria para que el cristiano actúe de la manera en que Dios quiere para todos. Conocer a Jesús implica adoptar su conducta, entre otras cosas evitar actuar a través de impulsos, analizar las situaciones y actuar siempre con moral, ética y paz.

> *...porque las palabras que me diste, les he dado; y ellos las recibieron, y han conocido verdaderamente que salí de ti, y han creído que tú me enviaste. (Juan 17:8)*

Jesús transmitió a la humanidad todo y cuanto Dios le había encargado. Jesús era un medio de salvación para la humanidad. Y esta es una de las cosas que todo cristiano debe tener como base de su fe. Jesús fue un instrumento, un Salvador, un ejemplo a seguir y un nuevo pacto. Todo lo que buscó fue otorgar un ejemplo para que la humanidad tuviera una manera de poder actuar adecuadamente ante Dios y lograr su salvación. Es por esto que la conducta cristiana es tan importante, asimismo es importante limitar las conductas impulsivas. Jesús nunca actuó de forma impulsiva, por el contrario, reprimió a todo aquel que así lo hacía. Su ejemplo fue uno de respeto, conducta y moral. Jesús fue una entidad de ejemplo moral y ética para todos los escenarios de vida.

Jesús es Dios, es parte de esa trinidad Dios, Jesucristo y Espíritu Santo que se constituyen en un solo Dios. Aun así, nunca vivió como un Dios, sino que buscó vivir como un humano humilde, para dejar claro que todo es posible a través de la fe en Dios y siguiendo su ejemplo de vida.

> *Haya, pues, en vosotros este sentir que hubo también en Cristo Jesús, el cual, siendo en forma de Dios, no estimó el ser igual a Dios como cosa a que aferrarse, sino que se despojó a sí mismo, tomando forma de siervo, hecho semejante a los hombres; y estando en la condición de hombre, se humilló a sí mismo, haciéndose obediente hasta la muerte, y muerte de cruz. (Filipenses 2:5-8)*

Para que el ejemplo a Jesús fuera posible para el hombre, Jesús debió vivir como hombre. Vivió a su semejanza y con muchas dificultades. Dejando saber que no hay excusas para seguir su ejemplo, adoptó su postura y conducta. Para creer en Dios y lograr la salvación, existe una guía, trata de seguir el ejemplo de

Jesús en el mundo y sus actos. Actos que Él cómo ser humano realizó, pasando las mismas problemáticas que pasaría cualquier persona de su época. Tanto así que murió por la humanidad para demostrar que a través de su resurrección podía salvarnos y crear un pacto en el cual las personas lo seguirían como un guía en fe. Jesús defendió al cristiano a través de su propia vida y ejemplo. Este nunca levantó un puñal, una daga, una piedra o una espada para hacer daño a otros. Todo lo hizo con fe, con humildad, con paciencia; siendo Él ejemplo para que otros lo emularan. La mejor forma de lograr de que otros lo siguieran, fue a través de dejar ejemplos específicos en un sinnúmero de situaciones, para que así las personas se pusieran en sus zapatos y decidieran lo que fuera correcto en sus vidas.

La conducta correcta que busca Jesucristo a través de su existencia, se puede palpar también en muchos otros versículos de la Biblia.

Absteneos de toda especie de mal. (1 Tesalonicenses 5:22)

No solo en este versículo, sino en un sinnúmero de ellos en la Biblia, se destaca que la base fundamental de lo que Dios busca del hombre es que haga el bien y que se aleje del mal. Es algo que se vio con ejemplos a través de los actos de Cristo.

Solamente que os comportéis como es digno del evangelio

de Cristo, para que o sea que vaya a veros, o que esté ausente, oiga de vosotros que estáis firmes en un mismo espíritu, combatiendo unánimes por la fe del evangelio... (Filipenses 1:27)

La Biblia es la fuente divina de conocimiento. El cristiano debe tener una ambición fomentando una vida tranquila, una vida de paz. Para ellos hay una guía de pasos a seguir. Se trata de las acciones de Jesús, ayudando a otras personas, a la humanidad, evangelizando, siendo ejemplo a través de su verbo de la misión de Jesús.

...y que procuréis tener tranquilidad, y ocuparos en vuestros negocios, y trabajar con vuestras manos de la manera que os hemos mandado... (1 Tesalonicenses 4:11)

Para vivir la vida que Dios quiere del ser humano, una vida plena y en paz, que les permita obtener y ganar ese camino de Dios, esa salvación prometida, el ser humano debe actuar conforme a lo que se presenta en la Biblia. Pero no debe solo dejarlo en palabras, debe edificarlo en obras. No solo obras para sí mismo, su familia y la Iglesia; sino para toda la humanidad. Obras iguales para otros. Porque el cristiano no debe limitarse solo en su salvación, debe no hacer daño a los planes de salvación de otras personas.

Al culminar esta sección, sobresale la necesidad de cuestionar entonces: ¿Cómo debe actuar un cristiano?

¿Cómo debe ser su conducta? Claramente todo se fundamenta en aprender la conducta de Jesús, asimilarla y hacerla parte de las acciones propias diarias. Aquí la impulsividad no tiene cabida. La impulsividad hay que rechazarla y el pensamiento se debe fundamentar en que cada persona como cristiano se cuestione: ¿Qué haría Jesús en mi posición? Con contestar esto para cada situación de vida, le otorgaría una respuesta llena de sabiduría, ética y moral, que no afectaría de forma negativa a ninguna persona. A esto se añade el leer las Escrituras y obtener todo ese conocimiento que se presenta allí para así fomentar a través de sus acciones el plan de Dios, la misión que presentó a la humanidad a través de Jesucristo.

Capítulo IV

Recomendaciones

A través de este libro se ha trabajado con el tema de los impulsos y sus efectos en el cristianismo. Se ha podido reconocer que la impulsividad es una respuesta mental hacia distintos estímulos que se manifiestan en el medioambiente de las personas. Desde esta perspectiva se deben resaltar varias recomendaciones.

En primer lugar, se debe destacar que el ser humano es una entidad que está dominada por su mente, su razonamiento y como interactúa con todo lo que le rodea. De este modo, si se quiere analizar y trabajar con el ser humano, en cuanto a sus impulsos, se debe analizar si este tiene algún problema a nivel cerebral que afecte su comportamiento. Eso es esencial debido a que existe un diagnóstico relacionado a los impulsos por parte del DSM-5. Este diagnóstico deja claro, que aspectos como desbalances hormonales o impactos en áreas del cerebro que tiene algún tipo de daño permanente o temporal, pueden llevar a la persona a actuar de un modo determinado, como a su vez presentar ciertas limitaciones en lo que es su comportamiento. Por eso en el momento que el consejero cristiano observe e identifique algún tipo de situación, donde la conducta, el comportamiento y en este caso la impulsividad está presente, antes de entrar en cualquier tipo de interacción o posible ayuda, lo primero es reconocer si existe una diagnóstico psiquiátrico o psicológico. Si se tiene la sospecha se debe sugerir a la persona a que acuda a buscar la ayuda necesaria.

A través del análisis de la impulsividad desde una perspectiva psiquiátrica y psicológica, se reconoce que además del uso de farmacología, muchos de estos trastornos son impactados por el uso de diversas propuestas de terapias cognitivas, terapias grupales y sesiones donde de forma esencial el diálogo y la guía de un profesional logra redirigir las acciones del individuo, hacia una serie de respuestas que no incluyan la impulsividad. Para el consejero cristiano, esto significa que puede diseñar una serie de sesiones donde a través del diálogo la persona pueda dejar saber qué es lo que le aqueja, cuál es la situación que se le ha presentado, qué lo ha llevado a actuar de forma impulsiva, o se puede reconocer de igual manera si esta impulsividad responde a algún tipo de crianza en específico, ya que se pudo constatar que la crianza del ser humano impacta a nivel psicológico ya sea para bien o para mal. El plan es que acepten este tipo de conductas y trabajen en mejorarla. Con esta información desarrollada y evaluada, entonces se crean las intervenciones o planes necesarios, donde claramente se integre a Jesús, la

Biblia, la evangelización, la ética y la moral, que se supone se manifieste de forma continua en todo cristiano.

El gran reto que tiene el consejero cristiano, es que cuando se trata de impulsividad, muchas veces este tipo de conducta es una que de por sí forma parte de la conducta humana a nivel social, y muchos lo aceptan como algo normal, como «yo soy así». A esto se añade el hecho de que a nivel subconsciente, la impulsividad no es algo negativo, sino que muchas personas actúan a través de impulsividad para protegerse a sí mismo ante situaciones inesperadas. Pero esto no debe desviar la atención de que a nivel psicológico y social, el actuar de forma impulsiva es algo negativo y que se debe buscar la manera de limitar su manifestación.

La impulsividad no debería ser una opción viable para la persona, lo viable sería actuar conforme a lo que Jesús ha planteado en sus acciones. Por esto, la principal guía para cualquier tratamiento o intervención con esta persona, es el utilizar las enseñanzas de Jesucristo para así llevar al individuo a comprender cómo Jesús nunca actuó impulsivamente, Él analizaba la situación y sus respuestas eran pasivas, llenas de paz y amor, para impactar a todos los que lo rodeaban.

En el caso del cristiano se pueden subrayar varias

recomendaciones que sobresalen de lo presentado a través este libro. Ser cristiano es un compromiso. No porque una persona se bautice o visite algunas veces la iglesia, es cristiano. Incluso, el ir todos los días a la iglesia, no significa que la persona sea cristiana. Se debe ver a Jesús como una vestidura, llena de ejemplo, de historias y de un compromiso con Dios por el cual se dio el pacto de la salvación humana. Entonces, leyendo la Biblia y aprendiendo sobre Jesús, el cristiano hace parte de sí mismo esa vestidura de Jesús, no solo como algo superficial, sino como su propia vestidura de vida. De esta manera, asimila todo cuanto Jesús ha realizado y actuado en vida y lo pone en función en sus distintas interacciones diarias.

Es un hecho, el contexto de la historia de Jesús se aleja por mucho del mundo contemporáneo. Pero las interacciones humanas no cambian. Se trata de interacciones fundamentadas en unas situaciones de conflicto, donde la persona debe escoger entre hacer el bien o el mal. Debe escoger entre algo que lo beneficie a sí mismo o a otros, como debe escoger sobre algo que es temporal o algo que será para toda la vida. Jesús dio unas claves específicas a través de su vida. Por ello, al hacer de Jesús parte de la propia vida, de los ejemplos y de las acciones que promulga a través de su fe, el cristiano logra alejarse de acciones como la impulsividad y se enfoca en las acciones que claramente Cristo ejemplificó en su vida, acciones que son para el desarrollo de paz para sí mismo y para la creación, asimismo acciones que buscan una salvación individual y a su vez fomentan una salvación colectiva.

Se recomienda también al cristiano que tome mucha responsabilidad de sus actos y de su salud. El primer paso es evaluarse a sí mismo, sus pensamientos y su estado mental. De la misma manera que se recomendó al consejero el analizar si la persona padece de algún problema psicológico. Este cristiano debe estar al tanto de cualquier problema mental que pudiera tener, o cualquier impacto neuronal o cerebral que podría llevarlo a actuar de una manera que vaya contra lo que Dios busca y quiere de él. Porque al cuidar de su cuerpo y mente, al tratarse estos trastornos o problemáticas biológicas, da espacio a poder manifestar la esencia de Cristo en su vida. Estará libre de limitaciones mentales y biológicas que le impidan tomar las decisiones correctas. Estará listo para recibir la ayuda por parte de la consejería cristiana, que lo lleve a poder recorrer un camino paralelo a lo que Jesucristo quiere de su vida. El cristiano debe reconocer que la impulsividad es una roca en el camino, algo que le está reteniendo de poder actuar de forma acorde a las guías de Jesucristo y que a su vez le está limitando el poder lograr su salvación.

Como recomendación final, se toma en consideración que este estudio se fundamentó en uno cualitativo descriptivo. Este tipo de estudios permite obtener una amplia gama de literatura para sustentar el problema de investigación. Lo cual se logró previo a escribir la primera línea del libro, obteniendo como base unos datos que permiten reconocer el impacto de la impulsividad y cómo a través de Jesús se puede contrarrestar la misma. Pero desde una perspectiva de consejería, este tipo de investigaciones podrían llevarse a través de un estudio de campo con intervención. Como consejero, podría diseñar una estrategia a través de una planificación amplia para identificar una serie de cristianos, ya sea en una comunidad o iglesia. Identificar cristianos que estén actuando de forma impulsiva y entonces proponer una serie de capacitaciones y adiestramientos, como lo pueden ser charlas, donde se eduque a los cristianos sobre la impulsividad desde una perspectiva científica y cristiana. Para que de este punto las personas puedan reconocer cuándo es que deben buscar ayuda y cuándo esta ayuda requeriría a un profesional que las cubra.

Capítulo V

Conclusiones

A través de este libro se ha trabajado con un estudio cualitativo descriptivo y fundamentado en una revisión de literatura enfocada en el tema «el cristiano y el control de impulsos». Se partió de reconocer que el problema de investigación se fundamenta en la realidad de que muchos cristianos actúan con impulsividad cada día, alejándolos del camino de Dios. Se justifica reconociendo que Dios se hizo hombre a través de Jesucristo y se manifestó en la humanidad otorgando un ejemplo de vida, un ejemplo de conductas, de moral y ética que son la clave para la salvación humana. Seguir las enseñanzas de Jesucristo es la base para que una persona pueda lograr la salvación que Dios prometió. Pero claramente Jesucristo nunca actuó de forma impulsiva, sino que por el contrario, actuó con calma, ética, moral. Actuó a través de amor, de lograr que otros siguieran sus enseñanzas y de darse a la humanidad de forma libre y humilde. La impulsividad entonces va en contra de estas enseñanzas, debido a que una persona que actúa de forma impulsiva, no está consciente o al menos no está desarrollando un análisis amplio y real de la situación, para así poder otorgar una respuesta adecuada a la situación que se le presenta.

A nivel histórico se pudieron crear dos líneas de tiempo sobre lo que es la impulsividad. Desde una perspectiva psiquiátrica se trata de un tipo de actos que han sido analizado desde el siglo XIX y que ha evolucionado a nivel empírico hasta formar parte de los diagnósticos presentados en el DSM-5 actual. De esta manera, la impulsividad es reconocida dentro de los trastornos que a nivel psiquiátrico se pueden y deben diagnosticar para poder otorgar un tratamiento adecuado. Esto es muy importante, ya que antes de intentar trabajar con la impulsividad del cristiano, se debe reconocer si este individuo padece de un trastorno mental, el cual requiera medicación y tratamiento profesional, para que su mente pueda tener la capacidad para comprender la Palabra de Dios y lo que Jesucristo busca que se manifieste en su vida.

La impulsividad desde una línea de tiempo cristiana se remonta hasta situaciones en el Antiguo Testamento, donde las personas simplemente actuaban sin tener en mente las consecuencias de sus actos. Aunque claramente la impulsividad se ve más marcada en la historia de Jesús, debido a que el ejemplo de Él es uno enfocado, entre otras cosas, en el control de los impulsos y en moldear una conducta adecuada. Siendo esto una crítica directa a la impulsividad que llevaba a las personas a actuar fuera de lo que Dios buscaba de los actos humanos.

El cristiano y el control de impulsos

Se subraya a través de las conclusiones que para poder lograr este control de los impulsos, desde una perspectiva cristiana, es necesario evaluar las enseñanzas de Jesús a través de su vida. La Biblia debe ser vista, además de un libro divino, como una guía de cómo se debe actuar, hablar, comportarse y fomentar la ética y moral a través de nuestros actos. En la Biblia se ven con claridad los impulsos, entiéndase la impulsividad como algo negativo, pero no debe verse esto como algo relacionado al pecado. La impulsividad en sí es una respuesta del cerebro, es parte de las acciones que realiza. Por tanto, el pecado o la acción errónea no serían la impulsividad en sí, sino los actos que se permitan que sucedan dejándose llevar por el impulso. La impulsividad desde esta perspectiva se puede manejar y minimizar su impacto, todo recae en la voluntad del cristiano y en su conocimiento sobre lo que es la impulsividad y cómo se debe actuar siguiendo las enseñanzas de Jesucristo.

Otro aspecto que se debe destacar a nivel de conclusión, es la dualidad del problema de la impulsividad. Por una parte, se deben analizar los factores de riesgo que producen las conductas impulsivas, pero de igual forma estas conductas pueden fomentar otros tipos de conductas o trastornos que se deben considerar. La impulsividad, vista como un desencadenante de otros trastornos, es un elemento clave para comprender su efecto en lo que hacen otras personas, en este caso del cristiano, debido a que si la impulsividad es controlable, identificable, moldeable y prevenible; entonces muchos otros trastornos también lo pueden ser. Entonces cuando se analiza cómo la impulsividad afecta al cristiano, hay que considerar los factores desencadenantes de esta impulsividad, dentro de la iglesia, en la comunidad y en los elementos que rodean al individuo en su día a día. Pero de igual forma se debe auscultar de forma continua las repercusiones de estos comportamientos impulsivos en la vida del cristiano, para que este no desarrolle otros trastornos como la depresión, ansiedad y similares, que podrían ser a su vez igual de perjudiciales en su vida.

Un elemento interesante que se identificó a través de este trabajo, es que los comportamientos impulsivos tienen que ver directamente con el desarrollo de la personalidad, el aprendizaje y los ejemplos que tiende a seguir desde que el individuo es un niño. Aunque el impulso ocurre a nivel mental, el comportamiento impulsivo es la repercusión de la acción de tomar una decisión impulsiva. De esta manera, aunque todas las personas pueden presentar el impulso, todas tendrán una base de comportamientos impulsivos distintos. Como se destacó, la educación es una clave para poder moldear estos comportamientos. Esta educación depende claramente de lo que el niño aprenda en su hogar, como en la escuela y las interacciones diarias. Si a través de estas interacciones se logra que el niño aprenda acciones enfocadas en moral, ética y aspectos positivos, entonces desarrollará una base de conocimientos, destrezas y respuestas pre-aprendidas que pondrá de igual forma en función en las distintas situaciones de vida. Pero si no aprende sobre ellos, tendrá mayores probabilidades de actuar por impulso.

De igual manera, todas estas interacciones fomentan el desarrollo de la personalidad. Si a través de la vida del niño este solo obtiene estímulos negativos, o ejemplos que no van a la par con la moral y la ética, entonces esta personalidad estará matizada por lo que la sociedad impone como norma y no sobre lo que realmente debería ser una norma. Se trata de conductas que alejan a la persona de acciones negativas, como lo es la impulsividad. El ejemplo es un elemento muy importante en el caso de la impulsividad, debido a que el ser humano aprende a través de copiar y adaptar lo que otros han hecho o hacen a su alrededor. Es la mejor manera de saber si el comportamiento o acción es aceptada o no. Por ello, si los padres no brindan un buen ejemplo, o en su entorno tampoco cuentan con él, sería improbable que el individuo logre crear unos conocimientos y destrezas que lo lleven a adoptar unas aptitudes y actitudes, conductas y comportamiento que se alejen de los comportamientos impulsivos.

Asimismo, existe una serie de factores de riesgo que dan paso a lo que son conductas disruptivas. Uno de los factores de riesgo es el rechazo de los padres. Cuando los padres no tienen una buena relación con sus hijos, cuando los niegan o se alejan de ellos, puede causar trastornos mentales, que lleven al individuo a actuar de forma disruptiva. Otro es el de una crianza inconsistente o la crianza de múltiples personas en el hogar. Debido a que el niño que se encuentra en desarrollo busca adoptar conductas y reconocer todo lo que es aceptable o no de su entorno, de sus interacciones con las personas que viven en él y de la manera en que estas personas sirven de ejemplo para ellos. La poca supervisión, dejando que un niño aprenda por su cuenta sin una guía, puede llevarlo a actuar de forma impulsiva. Como también el estatus de su familia, entiéndase familias de un solo padre, familias divorciadas, problemas maritales y otros, que al no mantener un control de sus actos, pueden afectar la manera en que este niño busca un ejemplo a seguir de quienes lo rodean.

El abuso físico, entiéndase abuso sexual o abusos relacionados, pueden afectar al niño a nivel mental, imposibilitándolo a comprender o discernir lo que está bien o mal, lo que es norma o no es aceptado. Un aspecto que afecta a muchos y que se reconoce como un riesgo es la pobreza, el niño está limitado de recursos, educación y de un entorno de vida adecuado; donde obtenga ejemplos de cuáles deberían ser las conductas aceptadas a producir. Por último, se encuentra la violencia. Esto sí es muy preocupante, ya que en un panorama local, donde la violencia se ve marcada a través de un bombardeo de los medios de comunicación y donde ha sido adoptada como norma social, la violencia está sirviendo como ejemplos errado para estos niños y jóvenes; quienes adoptan estas conductas disruptivas impulsivas, desencadenando problemas sociales mayores.

Todo comportamiento tiene una repercusión. Las acciones adecuadas, fundamentadas en Jesús, proveen una repercusión gratificante de bien y bondad, mientras que aquellas fundamentadas en acciones negativas, simplemente afectan al individuo y a todo lo que lo rodea, no solamente a corto, sino a largo plazo. Por eso, a través de estas páginas se ha subrayado que la manera de lograr que la persona deje a un lado la impulsividad, es a través de fomentar el evangelio, la historia de Jesús, proponer a Cristo como un guía a seguir y servir de ejemplo para que otras personas acepten a Jesús en sus vidas. Antes de un cristiano evangelizar, debe primero hacer que su mente y cuerpo sean un avance adecuado de Cristo, que personifiquen sus enseñanzas y sus bases morales y éticas. Es la única manera en la que el cristiano se empodera y logra aguantar el bombardeo social y la persecución contra los creyentes.

No es papel del cristiano luchar contra la sociedad, sino, como propuso Jesús, «poner la otra mejilla»; en vez de contestar a sus ataques de forma negativa o impulsiva, responder con amor y ayuda. Esto es lo que Dios quiere de los cristianos. Para cambiar el mundo hay que comenzar cambiando al cristiano, entre estas cosas, eliminando la posibilidad de que se manifiesten comportamientos impulsivos. De esta manera, los cristianos se convierten en un ejemplo a seguir, al igual que Cristo. Dando paso a que otros los vean como una fuente de inspiración para convertirse al cristianismo y actuar en favor de Dios.

Como aspecto final, se debe destacar que todo lo cubierto está estructurado en forma de guía para que cualquier interesado o consejero cristiano comprenda cómo la impulsividad es un problema que se debe atender. Para que aprenda sobre qué es la impulsividad, desde una perspectiva cristiana y a su vez científica, debido a que forma parte de los diagnósticos del DSM-5. Todo consejero debe crear un análisis paralelo al que se ha realizado, para cualquier problema que quiera atender en su iglesia o comunidad. Solo de este modo se puede preparar de forma efectiva para crear un plan estratégico que afecte e impacte de forma positiva a estas personas.

Es necesario reconocer de igual forma, que cada persona o comunidad tiene unas necesidades únicas, no se pueden generalizar las estrategias a todas las personas. Por ello, se debe investigar el problema, hablar con el individuo, conocer el contexto social y entonces crear una planificación efectiva acorde a su situación. Esta planificación incluye elementos científicos empíricos. Como a su vez las bases de la vida de Jesucristo y de las normativas de Dios, para así poder fomentar una mejor oportunidad de vida para el cristiano. A corto plazo, se impactaría persona a persona. Se le ayudaría redirigir su conducta, y en este caso a erradicar los comportamientos impulsivos. A largo plazo, se crea una reacción en cadena, donde esta persona sea ejemplo de Cristo en su vida. Entonces sus hijos y su familia lo seguirán de ejemplo y adoptarán actitudes, comportamiento, ética y moral parecida y así a su vez impacten sus interacciones.

Esta cadena sigue de forma tal que se cambian los paradigmas sociales sobre las bases fundamentales de la ética, moral y la conducta humana; creando nuevas normas que se acepten como adecuadas y permisibles, marcando la sociedad de forma positiva y llevándola indirectamente a aceptar un comportamiento y unas bases valorativas y morales que aunque ellos desconozcan, provienen de las enseñanzas de Cristo. La evangelización llega entonces a la sociedad aun cuando ellos no estén conscientes de ello, al punto que se acerquen a la iglesia porque ven en ella unos ideales paralelos a los que ponen en función en sus vidas. Siendo el paso final aceptar a Cristo como su Salvador y a Dios como su único Dios. Así de grande es la misión de un consejero cristiano. Pero los frutos claramente son más gratificantes.

Referencias

Alcázar et al (2010). Neuropsicología de la agresión impulsiva. Revista de Neurología. 50. 291. 10.33588/rn.5005.2009316.

Arango et al (2019). Trastorno de control de impulsos (TCI). Consenso, 7 (19), 28-37. Recuperado de http://www.scielo.org.co/pdf/anco/v35s1/0120-8748-anco-35-s1-28.pdf

Arroyo, et al (2018). Impulsividad en la Adolescencia. Revista Iberoamericana de Diagnóstico y Evaluación, 4 (2), 1-13. Recuperado de https://www.aidep.org/sites/default/files/2019-01/RIDEP50-Art10.pdf

Cabrera et al (2021). Neurociencia conductual: La vía más avanzada en el desarrollo del ser humano. Journal of neuroscience and public health, 1 (2), 43-52.

Cárdenas, P. (2019). Conductas disruptivas comunes que afectan la convivencia. Chile: universidad del Desarrollo. Recuperado de https://repositorio.udd.cl/bitstream/handle/11447/2841/Conductas%20disruptivas%20comunes%20que%20afectan%20la%20convivencia%20en%20el%20nivel%20Otransici%C3%B3n%201.pdf?sequence=1&isAllowed=y

Castellano et al (2017). Revisión histórica de la impulsividad desde una perspectiva artística, filosófica y psicopatológica. Salud Mental; 27(5), 23-28.

Cortés, E. (2019). ¿Qué quiere decir cristiano? Una historia conceptual enmarcada en el proceso de secularización política de la Guadalajara decimonónica. Revista Reflexiones, 44 (1), 15-67. DOI: 10.24220/2447-6803v44e2019a4678

Estrada, L (2018). Motivación y emoción. Bogotá: Fundación Universitaria del Área Andina

Fano, G. (2019). Comportamiento humano. Buenos Aires: Universidad Del Cema. Recuperado de https://ucema. edu.ar/publicaciones/download/documentos/687. pdf

Fernández et al (2017). La constitución y el pacto de la conducta cristiana. Indianápolis: Casa Nazareno Publicaciones. Recuperado de https://www.whdl.org/ sites/default/files/publications/ES_manual_ constituci%C3%B3n_pacto_2017-2021_0.pdf

Gallego, C. (2015). Técnicas eficaces para el manejo de la impulsividad. España: University of Cádiz

García et al (2020). Rasgos de personalidad, locus de control y pensamientos distorsionados hacia la mujer en una muestra de hombres de la ciudad de Villavicencio, meta. Colombia: Universidad Santo Tomás. Recuperado de https://repository.usta.edu.co/jspui/ bitstream/11634/31451/6/2020adrianagarcia.pdf

García, E. (2018). ¿Doctrina social de la Iglesia o liberalismo?: Síntomas de división en el Partido Conservador entre los meses finales del gobierno de Ibáñez y la República Socialista de 1932 en la prensa conservadora. Teología y vida, 59(3), 431-460. https:/ /dx.doi.org/10.4067/s0049-34492018000300431

García, S. (2019). Cristianismo auténtico y cristianismo adulterado. España: Universidad Complutense de Madrid. Recuperado de https://eprints.ucm.es/id/eprint/58152/1/Eprints_TFM_Sara%20Garcia%20Rueda.pdf

Giménez, V. (2020). La religión ante los problemas sociales espiritualidad, poder y sociabilidad en américa latina. Argentina: Clasco

Gómez, et al (2017). Estrategias de intervención en conductas disruptivas. Educación por Escrito, Porto Alegre, 8 (2), 278-293.

Gumbel. N. (2016). ¿Por qué Jesús? Estados Unidos: Alpha Américas. Recuperado de https://www.gbdioc.org/images/Spanish-Why-Jesus.pdf

Guy, K. (2017). Trastorno negativista desafiante. Recuperado de https://iacapap.org/content/uploads/D.2-Oppositional-Defiant-Dis-Spanish-2017.pdf

Hernández, et al (2015). Metodología De La Investigación (6ta Edición). México: Mc Graw Hill.

Laporta, et al (2020). Cleptomanía. Una revisión de la literatura científica actual. Revista Electrónica de Portales Médicos, 15 (17), 9-22. Recuperado de

Lobos et al (2017). El drama de la persecución a los cristianos en el contexto actual. Recuperado de https://www.vaticannews.va/es/vaticano/news/2018-05/conferencia-persecucion-de-cristianos-en-el-contexto-actual.html

Martínez, et al (2018). Impulsividad y búsqueda de sensaciones como predictores del consumo de drogas en adolescentes: Un estudio longitudinal. https://www.revistapcna.com/sites/default/files/03_2.pdfRevista de Psicología Clínica con Niños y Adolescentes; 5 (3), 9-15. Recuperado de

Medina, et al (2016). Los trastornos del control de los impulsos y las psicopatías. España: Fundación Española de Psiquiatría y Salud Mental

Melgar et al (2016). Intervención en un caso de comportamiento disruptivo infantil a partir del entrenamiento en habilidades de manejo parentales. Xvii Congreso Virtual Internacional de psiquiatría. Recuperado de https://psiquiatria.com/trabajos/19COMUN6CVP2016.pdf

Morales, P. (2017). Cultura y comportamiento humano. Pensamiento y gestión, 42 (2), 1-6. Recuperado de https://www.redalyc.org/pdf/646/64652584001.pdf

Moreno, L. (2019). Neurociencias del comportamiento. Bogotá: Fundación Universitaria del Área Andina.

Norman, E. (2018). Cristianos, política y estado moderno. Recuperado de https://www.cepchile.cl/cep/site/docs/20160303/20160303183211/rev28_norman.pdf

Nyenhuis et al (2019). Ética cristiana. Florida: Logo Inc.

Organización DW. (2020). Cristianos: los más perseguidos, no solo en Asia. Recuperado de https://www.dw.com/es/cristianos-los-m%C3%A1s-perseguidos-no-solo-en-asia/a-48468730

Organización JW. (2018). El autocontrol: una cualidad necesaria para agradar a Jehová. Recuperado de https://www.jw.org/es/biblioteca/revistas/atalaya-estudio-junio-2020/El-autocontrol-una-cualidad-necesaria-para-agradar-a-Jehov%C3%A1/

Páez et al (2017). Trastorno del control de impulsos. Análisis de un abordaje multidisciplinar. Congreso Virtual Internacional de Psicología. Recuperado de https://psiquiatria.com/trabajos/1COMU6PSICO2017.pdf

Ramos, C. (2020). Los alcances de una investigación. Ciencia América, 9 (2), 390 – 402. ISSN 1390-9592 ISSN-L 1390-681X

Ramos et al (2019). "¿Qué significa 'ser cristianos hoy'?" (06/2019). Recuperado de https://www.researchgate.net/publication/326423750_Que_significa_'ser_cristianos_hoy'_062019/link/5d0002f3299bf13a384e75cd/download10.13140/RG.2.2.24442.39369.

RACLP. (2021). Imposición de ideología de género es persecución religiosa. Recuperado de https://www.aciprensa.com/noticias/imposicion-de-ideologia-de-genero-es-persecucion-religiosa-afirma-obispo-19787

RV. (1960). La Santa Biblia. Recuperado de http://www.nabiconsulting.co/biblia_reina_1960.pdf

Rueda et al (2016). Impulsividad y facetas de la personalidad: relación entre instrumentos de medida. Ciencias Psicológicas, 10 (1), 7-16. Recuperado de

https://www.redalyc.org/pdf/4595/459545834002.
pdf

Sauceda, J. (2017). Trastornos de conductas impulsivas. La Medicina es Así, 1 (1), 1-17. Recuperado de https://www.asieslamedicina.org.mx/trastornos-disruptivos-de-la-conducta/?pdf=1758

Scott, S. (2019). Trastorno de la conducta. Ginebra: JACAPAD. Recuperado de https://iacapap.org/content/uploads/D.3-Conduct-Disorder-Spanish-17.pdf

Sobral et al (2018). Impulsividad, género y contextos: su interacción en la conducta antisocial. Anuario de Psicología Jurídica, 13 (4), 79-91. Recuperado de https://journals.copmadrid.org/apj/archivos/64158.pdf

Socorro et al (2018). Incidencia del comportamiento disruptivo en el proceso de aprendizaje de los niños en el jardín AltaVista. Medellín: Corporación Universitaria Minuto de Dios. Recuperado de https://repository.uniminuto.edu/jspui/bitstream/10656/6944/2/HiguitaMiryamDelSocorro_2018.pdf

Squillace et al (2017). Impulsividad, un constructo multifacético: validación del CUBI. Evaluar, 17(1). Disponible en: https://repositorio.uca.edu.ar/handle/123456789/9133

Squillace et al (2015). Conducta impulsiva y compulsiva: actualización conceptual. VII Congreso Internacional de Investigación y Práctica Profesional en Psicología XXII Jornadas de Investigación XI Encuentro de

Investigadores en Psicología del MERCOSUR. Facultad de Psicología - Universidad de Buenos Aires, Buenos Aires.

Torre, J. (2019). Moral y moral cristiana. Recuperado de https://dadun.unav.edu/bitstream/10171/13025/1/ST_XXVI-1_12.pdf

Torres, L. (2020). Estudio de caso sobre las conductas disruptivas en estudiantes de enseñanza básica. Chile: Universidad de Concepción. Recuperado de http://repositorio.udec.cl/jspui/bitstream/11594/455/1/Tesis_estudio_de_casos_sobre_las_conducta.pdf

Tortosa, E. (2017). El perfil psico criminológico de los pirómanos. España: Universidad de Alicante. Recuperado de https://www.psicolibertad.com/2013/08/06/perfil-de-un-pir%C3%B3mano-qu%C3%A9-piensa-y-siente/

Trigo, T. (2018). Lo específico de la moral cristiana. Recuperado de https://revistas.unav.edu/index.php/scripta-theologica/article/view/13144

Venard, O. (2018). Del canon bíblico a la vida cristiana. Scripta theologica; 40 (2), 433-458.

Zapata et al (2016). Trastorno explosivo intermitente: un diagnóstico controversial. Elsevie, 45 (3), 214-223. Recuperado de https://www.elsevier.es/es-revista-revista-colombiana-psiquiatria-379-articulo-trastorno-explosivo-intermitente-un-diagnostico-S0034745015001602

Zarate, J. (2017). La conducta basada en obediencia. Recuperado de https://www.scribd.com/document/440518903/Doctrina-Conducta-Cristiana

Zulay, N. (2017). Investigación: descriptiva, documental y experimental. Recuperadop0 de https://nvega2015. wordpress.com/2017/02/07/investigacion-descriptiva-documental-y-experimental/

Sobre la autora

Dra. Wanda Dávila Castro
Autora

La doctora Wanda Dávila Castro, natural de Trujillo Alto, Puerto Rico, es hija de Lucidelto Dávila Rivera y Carmen L. Castro Brown. Es la tercera de seis hermanos, madre de tres hijos y abuela de 11 nietos. Se ha dedicado al campo de la salud como Enfermera Graduada (BSN). También posee una Maestría en Educación con Rasgos en Liderazgo y un Doctorado en Consejería Cristiana.

La autora, quien reside en Canóvanas, Puerto Rico, desde hace 40 años, nos dice:

Hace 16 años el Señor Jesús me escogió y me ungió como Pastora, diciéndome que me escogió desde el vientre de mi madre. Tuve que pasar por diferentes situaciones difíciles pero de todas ellas me libró Jehová, aprendiendo a confiar más en Él. Mi Dios nunca te va a pasar por una prueba sin tener un plan, y créeme que sus planes son mejores que los nuestros. Cuando dejamos que sea Dios quien nos capacite, podemos trabajar en la obra de Dios.

Gracias a las personas que siguen estando disponibles para mí, ayudándome a que el propósito de Dios se cumpla en mi vida. Amo trabajar para Dios. Nunca me he arrepentido. Desde joven le sirvo al Señor, en bajas y altas nunca me he rendido. Como Mujer de Guerra me ha llamado Dios y he peleado las mejores batallas. ¡Aleluya! Ponte la armadura, mujer, pelea tus batallas. Por tus hijos, tu familia, tu matrimonio, por tu ministerio; pelea, pelea, pelea. Él te dará la victoria.